자기화해

자기화해

아 주 오 랜 미 움 과 의 작 별

Ursula Nuber

우르술라 누버 지음 | 손희주 옮김

생각
정원

세상이 모두 예, 라는 답을 듣고 싶어 할 때
아니요, 라고 말할 줄 아는 능력은 정신이 지닌 힘이다.

- 에리히 프롬

차례

자신을 잃을 위험에 처한 당신에게

일반적으로 자기주장이 강한 사람, 자기중심적인 사람이라고 하면 썩 좋게 받아들여지지 않는다. 이런 사람은 어렵고, 불편하고, 불쾌하고, 완고하고, 좀처럼 수긍할 줄 모르고, 반항적이고, 아는 척하기 일쑤며, 분별력이 없다고 여겨지기 때문이다.

자기주장이 강한 사람은 종종 마음이 불편해지는 질문을 던지고, 다른 사람은 충분하다고 생각하는 대답에도 쉽사리 만족하지 못하며, 남들은 전혀 인식하지 못하는 문제를 철저히 파헤치려고 해서 상대하기 힘겹다. 이런 사람은 조화를 깨뜨리고, 일반적으로 통용되는 규칙에서 벗어나 다른 사람을 괴롭게 만드는 데 일가견이 있다. 이것이 자기중심적인 사람에 대한 일반적인 견해여서, 많은 사람들이 '고집스럽다' '자기주장이 강하다' '자기중심적이다'라는 훈장을 불명예스럽게 여긴다. 이런 말을 들은 사람은 대개 칭찬이 아니라고 생각할 것이다.

그래서 대부분의 사람들은 '나'를 먼저 생각하는 일을 어려워하고 자신이 고집스러운 성격이 아니기를 바란다. 어떤 점을 바꾸고 싶은지 물었을 때 "좀더 고집스러워지고 싶어요"라고 답할 사람이 얼마나 될까. 하지만 자기주장, 자기고집이라는 단어 속에는 잠재력이 숨겨져 있다. 눈치챘겠지만 '자기'를 중심에 두면 삶에서 더 유리한 위치를 점할 수 있다. 반대로 생각이나 의견을 억눌러놓고 남에게 맞추기만 하면, 상황을 쓸데없이 힘들게 만들 수 있다. 한번 생각해보자.

혹시 자신이 타인의 지시에 따라 춤추는 꼭두각시처럼 느껴지는가? 당신이 원하거나 원하지 않는 것을 다른 사람이 중요하게 생각하지 않는 일이 빈번한가? 남을 위해 너무나 쉽게 자기를 포기하고, 자신에게 정말 중요한 일을 소홀히 하고 있지는 않은가?

이 모든 게 내 이야기 같고 자신이 '늘 쳇바퀴를 도는 다람쥐 신세'라는 생각을 하고 있다면, 아마도 다음과 같은 상황에 처해 있을 것이다. 우선 당신은 정말 잘 지내고 있다고 확신하지 못한다. 과연 무엇을 위해 이 고생을 하는지 의미를 찾지 못하고, 일과 일상 모두에서 많은 불만이 터져나와 곤란을 겪으며, 있는 힘을 다해야 겨우 균형을 유지할 수 있는 상태다. 이런 상

자기화해

황에서 벗어나고자 요가, 명상, 참선, 기체조, 스트레스 줄이기 훈련 혹은 중요한 깨달음을 주는 다른 훌륭한 방법 등 할 수 있는 것은 전부 시도해봤을 것이다. 그런데 이런 것들로 정말 일상을 누르는 짐이 줄어들었을까? 단언컨대, 분명 아닐 것이다.

하지만 삶의 중심에 '나'를 놓으면, 즉 자기중심을 찾으면 이것이 가능해진다. 자기중심은 당신이 자신을 잃을 위험에 처했을 때(혹은 이미 자신을 잃어버렸을 때) 선택할 수 있는 옳은 방법이며, 일상생활과 직장에서의 문제를 해결해주는 효과적인 방책이다. 스스로를 중요하게 생각할 줄 아는 사람이라면 어지간해서는 무력감이나 압박감을 느끼지 않을 것이다. 설사 자신을 짓누르는 부담스러운 상황이 벌어져도 부당한 요구에 반발할 수 있는 강력한 저항력을 갖고 있기에 잘 헤쳐나갈 수 있다.

스스로를 존중하고 자신이 옳다고 생각하는 바를 고집스럽게 추구해나가면 '있는 그대로의 나'를 인정받을 수 있다. 내가 가진 견해와 생각, 의지, 욕구도 그대로 수용될 것이다. 이런 의미에서 자기중심은 일종의 '보디가드'다. 이 보디가드는 나를 잘 보살필 뿐 아니라 내가 남에게 이용당하지 않도록, 다른 사람의 입장에 기꺼이 자신을 맞추거나 스스로의 권리를 포기하지 않도록, 내 힘을 헛되이 낭비하지 않도록 지켜준다.

자기중심적인 사람은 삶이 좀더 수월하다. 믿기 어려울지 몰라도 연인관계와 가족 간에도 문제가 덜 일어나고, 직장 동료나 상사와도 원만한 관계를 유지한다. 스스로를 중요하게 생각하는 만큼 타인도 포용하는 여유를 지니기 때문이다. 나를 인정하고 존중할 줄 아는 사람만이 남도 인정하고 존중할 줄 아는 법이다. 당연히 자기 자신도 좀더 여유롭게 바라볼 수 있다. 내가 권력이나 다른 사람의 손아귀에 놀아나는 공에 불과하다는 생각은 더 이상 들지 않으므로 자기 길을 의연하게 갈 수 있다.

요컨대 자기중심은 다양한 요구를 받으며 살아가는 오늘날의 우리가 정서적·정신적으로 안정과 건강을 유지할 수 있도록 하는 전제조건이다. 이는 조금의 과장도 없는 사실이며, 자기를 중심에 둔 사람이 주변에 순응하는 사람보다 덜 아프고 심지어 더 오래 산다는 많은 인상적인 연구 결과를 통해 입증되었다. 이유는 간단하다. 자기중심성은 정신적 면역체계를 강화하고 체념, 무기력, 화와 같은 우리를 병들게 하는 감정이 과도해지지 않도록 억제한다. 또 이미 일어난 일을 고통스럽게 되짚다가 자괴감에 빠지지 않도록 하며, 번아웃과 우울증 같은 스트레스성 질환이 발생하지 않도록 차단벽 역할을 한다. 따라서 신체적으로나 정신적으로나 건강하게 지내고 싶다면(혹은 다시 건강해지고 싶다면) 자기중심성이 최고의 약이다.

자기중심적인 삶을 위한 노력은 곧 자기화해의 길이기도 하다. 있는 그대로의 내 모습을 받아들이고 스스로를 존중할 줄 알게 되면, 타인을 배려하는 만큼 자기 자신을 위할 줄 알게 되면, '아주 오랜 미움'과의 작별이 가능하다. 지난 실수와 잘못을 들추면서 숨죽여 울었던 기나긴 밤들, 스스로를 용서하지 못해 할퀴고 상처냈던 무수한 시간들에서 빠져나올 수 있다. 아주 오랫동안 미워했지만 실은 그만큼 안아주고 싶었던 자기 자신과 화해하는 순간이다. 좀처럼 알 수 없고 이해할 수 없었던 자기 자신을 온전히 받아들이고 보듬어주게 되는 것이다. 자기중심을 찾는다는 것은 곧 스스로와 화해한다는 의미며, 자기화해를 했다는 것은 자기중심을 지킬 수 있다는 의미다. 그런 의미에서 자기중심과 자기화해는 필요충분조건 관계라고 볼 수 있다.

지금까지 살펴본 내용을 참조하면 왜 우리가 자기중심성 회복을 통한 '자기화해 프로젝트'이자 자기화해를 토대로 한 '자기중심 프로젝트'에 착수해야 하는지를 알 수 있다. 책을 읽어가면서 함께 한 발씩 차근차근 내딛어보자. 이 책은 당신이 그 누구도 아닌 자신을 삶의 중심에 놓을 수 있도록 용기를 줄 것이다. 책에는 다음과 같은 내용들이 실려 있다.

- 지금까지 자신의 결정과 주장 등에 스스로 어떻게 대응했으며, 현재 당신의 삶에서 자기 자신은 얼마나 큰 비중을

차지하고 있을까? '자기중심성 정도'를 측정하기 위한 근거를 제시해보겠다.

• 타인에겐 친절하면서 자신에겐 불친절할 수밖에 없었던 이유는 무엇일까? 자기중심에 대한 오해와 잘못된 선입견을 살펴보자.

• 자기 자신을 최우선으로 두고 그 누구보다 나를 먼저 위하는 일은 왜 어려운 걸까? 어렸을 적 순종하거나 순종하지 않음으로써 겪었던(혹은 겪어야만 했던) 경험이 현재 어떤 역할을 하는지 알아보자. 이렇게 내적 장애물과 그 원인을 알아내야만 비로소 자신을 더 잘 이해하고 장기적으로 변화를 꾀할 수 있다.

• 스스로를 존중하지 않으면 어떤 결과가 초래될까? 과중한 업무 때문에 피로가 쌓이고 결국 탈진하는 이유가 모두 내가 부족한 탓이라며 자책하고, 무력감과 회의감을 극복하기 위해 긍정적으로 생각해야 한다며 스스로를 괴롭히는 등 골머리를 앓는 문제가 있었을 것이다. 이런 상황이 발생하는 까닭은 아직 나와 제대로 화해하지 못했고, 나를 올

바로 존중하지 못하기 때문이다. 당신이 자기중심을 지키지 못할 경우 일어나는 일들을 보여주겠다.

• 우리는 마음만 먹는다면 일상생활에서 바로 나를 중심으로 생각하고 행동할 수 있다. 그 방법도 함께 살펴보자.

자기화해 프로젝트를 성공시키기 위해 필요한 것은 인내심이다. 겁을 먹거나 당황하지 마라. 가까운 주변 사람이 혼란스러워하고, 당신의 변한 모습을 받아들이기 힘들어한다 해도 그러려니 하고 넘길 수 있어야 한다. 사람들이 이런 반응을 보이는 것은 전혀 놀라운 일이 아니다. 사람들은 자신과 다르게 생각하고 행동하는 사람은 불안을 조장한다고 여겨 불편해하기 마련이다. 마크 트웨인에 따르면 "우리는 모두 자신이 생각하는 것을 그대로 털어놓는 사람을 좋아한다. 단 우리와 같은 생각을 하는 경우에 한해서". 어쩌면 내 편이 한 명도 없는 것 같고, 누구에게도 도움을 요청할 수 없어 난처해질 수도 있다. 그래도 견뎌내야 한다. 영화배우 소피아 로렌이 한 말을 인용하자면 "진짜 자신을 드러내려면 엄청나게 큰 용기가 필요하다".

1장

타인에겐 친절하고,
자신에겐 불친절한 이유

Eigensinn

나는 '내 삶'에서
얼마나 중요한 사람일까

나는 내 삶에서 얼마나 중요한 사람인지 생각해본 적이 있는가? 내 삶에서 나의 비중은 어느 정도이며, 어느 위치에 자리하고 있는지에 대해서는? 자기중심성이 얼마나 중요한 성향인지 생각해보지 않은 사람은, 추측하건대 자신이 스스로를 얼마나 중시하고 위하는지에 대해서도 아직 생각해본 적이 없을 것이다. 설사 생각해봤더라도 자아비판적인 방향으로 흘렀을 가능성이 높다. 아마 "이기적으로 굴면 안 돼"라는 부모님의 꾸중이나 완고함, 단호함 때문에 주변에서 질책받았던 일을 주로 떠올렸을 것이다. 자기중심성은 흔히 환영받지 못하기 때문에 당연히 그럴 수 있다. 사정이 이렇다 보니 자기중심성이 강한지 또는 약한지에 관한 질문에 적당한 답을 찾는 일조차 쉽지 않다. 하지만 직장과 일상에서 일관적으로 자신의 견해를 주장하는지, 아니면 주로 양보하며 자기를 다른 사람에게 맞추는지를 점검할 수 있는 간접적인 힌트가 있다.

'내가 좀만 참으면⋯⋯',
배려와 헌신에 익숙한 당신을 위한 '자기중심성 측정'

다음에 묘사된 내용을 근거로 자기중심성의 정도를 가늠해볼 수 있다. 예시 가운데 '그렇다'라고 할 수 있는 상황이 몇 가지인지 체크해보자.

☐ 직장에서 업무 성과가 좋은 편이지만, 웬일인지 갈수록 일에 흥미가 떨어지고 있다. 점점 더 피곤하기만 하고 갈수록 힘이 소진되고 있다고 느낀다.

☐ 내가 무엇을 원하는지 정확하게 알지 못한다. 하지만 지금처럼 살고 싶지 않다는 것은 분명히 알고 있다.

☐ 만성적 통증에 시달린다. 예를 들어 편두통이나 허리통증, 심장 순환계 질환, 피부질환 등의 질병을 앓고 있다.

☐ 몸 상태가 좋지 않다. 좌절감과 무료함을 자주 느끼고, 종종 기분

자기화해

이 나쁘며, 설명할 수 없는 분노와 우울함이 심한 기간이 찾아와 괴롭다. 허무하다고 느껴지는 순간이 많다.

☐ 간혹 낯선 느낌이 들어 당혹스럽다. 직장에서 프레젠테이션을 하거나 프로젝트 작업을 하다가, 혹은 동료와 대화를 나누다가 불현듯 '내가 지금 여기서 도대체 무엇을 하고 있는지' 자문하곤 한다. 일상에서도 연인이나 가족의 옆에서 그림자처럼 맴돌며 '내가 이 집단에 정말 속한다'는 소속감을 갖지 못한다.

☐ 기적이 일어나기를 자주 바란다. 독재자 같은 상사가 갑자기 회사를 그만두거나, 드디어 복권에 당첨돼 원하던 것을 모두 충족하게 되기를 기대한다. 누군가 내게 근사한 기회를 알아서 마련해주기를 꿈꾸기도 한다.

☐ 아름다운 평화를 선호한다. 평화로움이 위협받을 것 같으면 단념하는 편이다. 누군가와 대치하는 일은 되도록 피하려 한다.

☐ 다른 사람의 말에 이끌려, 되돌아보면 후회할 결정을 내리곤 한다. 예컨대 점원의 지나친 친절과 '이 옷은 손님을 위한 옷'이라는 말에 솔깃해서 무작정 구매하는 식이다.

☐ 친구 따라 강남 가는 스타일이다. 상대가 행동하거나 생각을 말하기 전까지는 그냥 기다릴 때가 많다. 그러다 보니 정작 내 바람과 의견을 낼 자리가 부족해진다.

☐ 다른 사람이 나에 대해 어떻게 생각하는지 자주 고민한다.

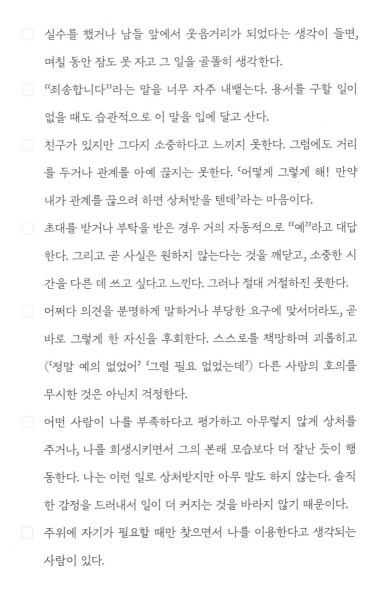

☐ 실수를 했거나 남들 앞에서 웃음거리가 되었다는 생각이 들면, 며칠 동안 잠도 못 자고 그 일을 골똘히 생각한다.

☐ "죄송합니다"라는 말을 너무 자주 내뱉는다. 용서를 구할 일이 없을 때도 습관적으로 이 말을 입에 달고 산다.

☐ 친구가 있지만 그다지 소중하다고 느끼지 못한다. 그럼에도 거리를 두거나 관계를 아예 끊지는 못한다. '어떻게 그렇게 해! 만약 내가 관계를 끊으려 하면 상처받을 텐데'라는 마음이다.

☐ 초대를 받거나 부탁을 받은 경우 거의 자동적으로 "예"라고 대답한다. 그리고 곧 사실은 원하지 않는다는 것을 깨닫고, 소중한 시간을 다른 데 쓰고 싶다고 느낀다. 그러나 절대 거절하진 못한다.

☐ 어쩌다 의견을 분명하게 말하거나 부당한 요구에 맞서더라도, 곧바로 그렇게 한 자신을 후회한다. 스스로를 책망하며 괴롭히고 ('정말 예의 없었어' '그럴 필요 없었는데') 다른 사람의 호의를 무시한 것은 아닌지 걱정한다.

☐ 어떤 사람이 나를 부족하다고 평가하고 아무렇지 않게 상처를 주거나, 나를 희생시키면서 그의 본래 모습보다 더 잘난 듯이 행동한다. 나는 이런 일로 상처받지만 아무 말도 하지 않는다. 솔직한 감정을 드러내서 일이 더 커지는 것을 바라지 않기 때문이다.

☐ 주위에 자기가 필요할 때만 찾으면서 나를 이용한다고 생각되는 사람이 있다.

문제를 일으키지 않으려고 본래 다른 사람이 책임질 일을 스스로 떠맡는 경우가 있다.

다른 사람이 나로 인해 화를 내거나 내게 실망하는 일을 도무지 참지 못한다.

며칠을 쉬어도 완전히 해소됐다고 느낄 수 없을 정도로 피로에 절어 있다.

때로는 명확하게 의사를 표현하고 싶어도 그냥 입을 꾹 다물어버리고는 '아무런 의미도 없는데 뭐' '말했다가는 괜히 문제만 일으킬 거야'라고 치부해버린다. 그러다 보니 시어머니의 참견을 싫어한다는 것을 정작 시어머니는 눈치채지 못한다. 직장에서 가깝게 지내는 동료는 내가 제안한 프로젝트를 아무런 양심의 가책도 느끼지 않고 마치 자기 아이디어인 것처럼 말하기도 한다.

내 도움을 기다리는 사람들로 빙 둘러싸여 있다. 하지만 거꾸로 내가 원하는 것과 바라는 것을 다른 사람이 해주리라는 기대는 할 수 없다.

지인과 친구, 동료와 즐겁게 대화를 나눈 후 집에 돌아오면 완전히 녹초가 될 때가 있다. '나름' 좋은 만남의 시간을 보냈다고 생각하는데 왜 마음이 무거운지 잘 모르겠다.

레스토랑에서 식사를 마치자 종업원이 다가와서 늘 그렇듯 "맛있게 드셨나요?"라고 묻는다. 나는 언제나처럼 "네, 맛있게 먹었습니다"라고 대답한다. 하지만 사실은 음식의 절반을 남길 만큼 형편없는 맛에 화가 난 상태다. 그래도 "유감스럽게도 맛있게 못 먹었습니다. 요리사에게 꼭 전해주세요"라고 말하진 않는다.

이와 같은 묘사는 자기중심성이 없는 사람이 어떻게 행동하는지를 보여준다. 또 이것은 왜 당신이 일상의 다양한 상황에서 자신의 입장과 원하는 것을 분명하고 명확하게 표현하는 일을 포기하는지에 대한 이해를 돕는다. 당신은 입장을 표명해야 할 때 남에게 양보하고, 의사를 분명히 표시해야 할 때 침묵한다. 다른 사람이 나보다 더 중요하고 똑똑한 사람이라고 여기는 경우도 많다. 간단히 말해 삶에서 마주하는 일과 사건을 자신의 입장에서 판단하는 일을 단념하고, 주변의 부당한 요구에 너무 미비하게 방어하고, 다른 사람의 소망과 욕망에 자신을 맞추는 일이 빈번하다.

앞에 묘사된 상황 중 몇몇이 어쩌면 무의미하다고 말할 사람도 있을 것이다. 요리사의 음식이 맛없다고 불평해서 무슨 이득을 얻을까? 시어머니의 간섭을 제한하거나 지인에게 그의 정치적 성향이 불편하다고 말해서 치러야 하는 대가가 너무 크진 않을까? 얼핏 이런 예시는 실제로 큰 의미가 없는 듯 보인다. '내가 한번 양보한다고 해서 체면이 구겨지는 것도 아닌데' '나는 몇

몇 사람이 하는 것처럼 남들 위에 군림하고 싶지도 않고, 내가 항상 옳다고 우기고 싶지도 않아. 때로는 한 발 물러서서 침묵하고, 자기가 옳다고 굳이 말하지 않는 편이 더 현명하다고 생각해'라는 태도도 당연히 이해할 수 있다. 다만 이것은 균형이 깨지지 않는 한도 내에서만 유효하다. 자기 생각이나 의견을 소홀히 취급하지 않는다면, 설사 다른 사람이 우선시되어도 한 눈을 찡긋하며 여유롭게 넘길 수 있다. 그러나 항상 다른 사람의 의지나 바람에 맞춰주느라 자기 스타일을 포기해야 한다면, 보기에는 '사소한' 일들이 결국 위험한 불균형을 초래하게 된다. 특히 앞의 목록에 제시된 상황들이 그렇다. 즉 '당신은 직장에서 더 이상 아무런 흥미도 느끼지 못하고, 집에서도 온전한 휴식을 취하지 못한다. 허무함이 밀려들고 이방인이 된 듯한 느낌에 사로잡히는가 하면 최악의 경우에는 병들고 만다'.

이렇게 보면 앞에 그려진 어떤 상황도 함부로 무의미하다고 말할 수 없다. 각각의 상황은 당신이 자기를 우선시하는 일을 포기했을 때 많은 대가를 치른다는 사실을 보여준다. 심한 경우 당신은 스스로를 부인하고, 분노와 상처, 실망을 떨쳐버리지 못하며, 자신이 정말로 생각하고 원하는 것이 무엇인지 절대 보여주지 않는다. '진짜 나'를 '친절함'이라는 가면 뒤에 숨기는 것이다.

자신과 관련된 일에서 뒤로 물러나는 데도 힘이 필요하기 마련이다. 그런데 이것은 자신을 위해, 삶을 성취하기 위해 사용할 수도 있는 힘이다. 언젠가 에너지는 소진될 수밖에 없고, 그러다 보면 내가 아닌 남을 위해 모든 힘을 쓰느라 정작 자신은 텅비었다고 느끼게 된다. 자신감과 자존감도 고통을 받는다. 내가 무엇을 원하는지 더 이상 알지 못할 때가 자주 생기고, 장기적으로는 번아웃이나 우울증으로까지 증세가 악화될 수도 있다. 자기중심을 포기함으로써 치르는 희생은 이토록 가혹한 것이다. 그런데도 자기 자신을 위하지 못하는 이유가 무엇일까? 내가 내 삶에 영향력을 미치는 일이 이토록 힘든 까닭은 무엇인가? 그 이유를 바로 이어서 살펴보도록 하자.

기꺼이
'불편한 사람'이 될 것

프로이센의 장군 카를 폰 클라우제비츠는 고집에 대한 생각이
확고했다. 그는 고집이란 단순히 '심성의 오류'에 지나지 않아, 고
집스러운 사람은 의지가 지나치게 완고하고 '다른 사람이 자신
에게 반대하면 쉽게 자극을 받는 성질'을 지녔다고 단언했다. 그
는 고집을 '이기심의 특이한 종류'라고 폄하하기도 했다. 군인의
입장에서 고집 피우는 사람을 좋게 보지 못한 것은 어쩌면 당연
하다. 군대에서는 복종이 필수적으로 여겨지는 반면, 개인의 자
유와 의지는 환대받지 못하기 때문이다. 그런데 자신의 생각과
의견을 고집스럽게 추구하는 태도가, 매우 평범한 우리의 일상

에서조차 안 좋게 평가받는 이유는 무엇일까? 왜 대부분의 사람은 "너는 참 고집이 세!" "너는 자기중심적이야"라는 말을 칭찬으로 못 받아들일까? '다른 사람에게 호감을 얻고 인정받고 싶으면, 자기 생각이나 의견은 다소 양보하는 게 나아'라고 믿는 사람이 많은 이유는 뭘까?

다음과 같은 상황들을 상상해보자. 하나, 꽤 괜찮은 회사에 지원해 면접을 보게 되었다. 면접관은 "자신의 강점이 뭐라고 생각하십니까"라는 통상적인 질문을 던지고, 당신은 "네, 저는 고집이 셉니다"라고 답한다. 둘, 온라인에서 마음에 드는 사람을 만나 실제로 데이트를 하게 되었다. 상대방은 정말 매력적인 사람이다. 이런저런 주제로 대화를 나누다 보면 성격에 관한 이야기가 빠지지 않기 마련. 당신은 "저는 굉장히 자기중심적이에요"라고 설명한다. 아니면 이런 상황도 있다. 초등학교에 다니는 자녀의 담임선생님이 '아이가 본인 위주로 생각하고, 모든 것에 대해 꼬치꼬치 캐묻고, 불공평한 대우를 받는다고 느끼면 바로 선생님에게 항의한다'고 알려준다. 그는 아이가 더 이상 그렇게 행동하지 못하도록 당신이 주의를 주리라 기대하는 눈치다. 하지만 교사의 기대와 달리 당신은 "그냥 아이가 그렇게 하도록 두세요"라고 응수한다.

과연 세 이야기의 결말은 어떻게 될까? 당신이 구직자였다면 회사에 채용될까? 매력적인 상대방과의 데이트가 처음이자 마지막 만남으로 그치지 않고 연인관계로 발전할 수 있을까? 아이의 담임선생님은 당신 말을 곧이곧대로 받아들여줄까? 아마 답은 전부 '아니요'일 것이다. 인사 담당자는 회사에 고집불통을 들여놓을 생각이 없다. 고집 센 직원이 부서에서 문제를 일으킬지도 모른다는 걱정 때문이다. 데이트 상대는 처음엔 호감을 품었을지 몰라도, 자기중심적이라는 당신의 말에 생각이 달라졌을 것이다. 자기만 아는 사람과의 연애는 외롭고 힘들 수밖에 없기 때문이다. 또 담임선생님은 지금 아이를 바로잡지 않으면 나중에 얼마나 더 힘들어질지에 대한 설명을 장황하게 늘어놓을 것이다.

이런 사례가 전달하고자 하는 내용은 분명하다. 즉 누구보다 자신을 먼저 생각하고 자기 의견을 고집하는 사람은 다른 사람에게 불신과 거부감을 주곤 한다. 자기중심적이라고 했을 때 일반적으로 떠오르는 부정적인 이미지 때문이다. 자기중심의 실제 모습이 어떤지 제대로 알지 못하면, 자신을 중심에 놓고 살아가는 일은 매우 힘들다. 그러므로 자기중심에 대한 무수한 오해를 제거하고, 심리학의 주요 내용을 기본으로 자기중심의 실제 모습을 알아보는 일이 우선되어야 한다.

'적절하지 못한 겸손함'은 버려라

관심사를 확실하게 밝히고, 무엇을 원하고 원하지 않는지를 명확하게 표명하는 사람을 두고 섣불리 이기적이라고 판단하는 일이 많다. "저 사람은 자기가 원하는 건 무조건 밀고 나가려고 해. 남은 전혀 생각 안 하고, 다른 사람이야 어찌됐든 신경도 안 써"라는 말이 나오기도 한다. 그래서 우리는 자기 의견을 내세우기를 꺼리곤 한다. 하지만 무엇이 진짜 이기적인 태도인지를 살펴보면 상황은 완전히 달라진다.

심리학자 하인츠 리보르츠Heinz Ryborz는 이기적이고 공격적인 사람을 두고 "다른 사람을 희생시키면서까지 이익을 챙기고, 다른 사람을 멸시하고 상처 입혀가면서 목표를 꼭 이룬다"라고 묘사한다. 이런 사람은 원하는 것을 얻지 못하면 세상이 무너진다고 느끼고 '다른 사람이 어떻게 되든 상관없어. 내 이익만 챙기면 돼'라고 생각하는 경향이 있다. 또한 "나에게 돌아오는 몫은 뭐지?"라고 물으며, 다른 사람이 무엇을 원하는지에 대해서는 조금밖에, 혹은 아예 관심을 두지 않는다. 이들은 연대감과 감정이입능력도 떨어진다. 자기 의견만이 사실인 것처럼 우기고("내 생각이 옳아") 다른 사람에게 책임을 전가하는 경향이 있으며("내 말을 안 들은 사람은 너잖아") 시키는 것을 하지 않으면 상대를 위협한다("내가 하라는 대로 안 하면 분명 후회할 거야!"). 이들이

하는 말에는 '반드시 해야 돼'와 '하지 않으면 안 돼'라는 표현이 등장할 때가 많고 다른 사람을 경시하는 말투가 배어 있다("그런 것쯤은 다른 사람도 다 아는데 뭐!"). 또한 무엇인가를 꾸며내는 성향도 있다. 원하는 바를 이룰 심산으로 모든 수단을 마다하지 않는데 간혹 정서적 협박까지 동원하기도 한다("내가 정말 걱정된다면 회의에 가지 말고 옆에 있어줘"). 보통은 상대가 압박감을 견디지 못하고 체념해버리는 관계로, 이기적인 사람은 원하는 것을 대부분 관철한다.

하지만 아무리 큰 성공을 이루고 다른 사람을 '손에 쥐고 흔들어도', 공격적이고 이기적인 사람이 인정받고 환영받은 경우는 극히 드물다. 오늘날 '건강하고 행복한 이기주의'라는 개념이 자주 회자되고 있다 해도, 스스로 이기적인 사람이기를 진지하게 바라는 경우는 거의 없을 것이다. 자기중심적인 태도는 배려 없는 행동은 물론, 이기주의와 잘못 연관되는 경우가 많기에 부정적으로 평가되는 일이 허다하다. 하지만 이는 큰 오해다. 자기중심은 이기주의나 남을 배려하지 않은 채 자신의 이익만을 챙기려는 태도와 전혀 상관이 없다. 자기를 삶의 중심에 둔다는 것은 '무조건 나부터'를 의미하는 것도, 다른 사람의 권리와 욕구를 제쳐놓고 이기적으로 군림하는 것도 아니며, 남이 당할 손실에 대한 고려 없이 자기 목표만을 좇는 일도 아니다. 그럼 자기중심적이라는 것은 무엇을 뜻할까?

자기를 위할 줄 아는 사람은 자신의 권리와 이익을 챙기려고 노력한다. 하지만 이때 다른 사람의 이익에 해를 입히거나 상대의 감정을 상하게 하는 방법은 이용하지 않는다. 이기주의자가 '세계는 근본적으로 적대적이므로 어느 입장에 서야 할지 잘 살펴야 한다'라고 생각한다면, 자기중심적인 사람은 완전히 다르게 생각한다. 즉 '내가 원하고 바라는 것이 있다면, 다른 사람역시 소망과 바람이 있다. 내가 이를 누릴 권리가 있어, 원하는것을 갖고 싶다는 의사를 분명하게 밝혀도 된다면 다른 사람도역시 그럴 권리가 있다'라고 생각하는 것이다. 한마디로 자신뿐아니라 타인의 권리까지 존중하는 것이다. 자기 자신이 중요하다는 사실을 깨달은 만큼 타인도 중요하다는 사실을 인정하기에 가능한 일이다. 반면 이기적인 사람은 자기 생각만이 옳다고강요하며 다른 사람의 의견 따위는 중요하게 여기지 않는 경우가 많다.

두 태도의 차이점을 좀더 분명하게 짚고 넘어가기 위해 한 가지 사례를 예로 들어보자. 당신이 강연을 하게 되어 많은 사람앞에 섰다고 상상해보자. 무대 위에 서자니 긴장되긴 하지만 다행히 모든 것이 순조롭게 진행되고 있다. 청중이 얼마나 큰 관심을 갖고 경청하고 있는지가 그들의 얼굴에 여실히 드러난다.

그런데 잠시 후 앞줄에 앉은 한 신사가 "다 좋은데 그래서 답이 뭐라는 겁니까?"라고 큰 소리로 물으며 강연의 흐름을 끊는다. 이런 돌발적인 상황에 우리는 굉장히 다양하게 반응할 수 있다. 불쾌한 심정을 그대로 드러내며 "강연을 방해하지 말아주세요"라고 짧게 주의를 줄 수도 있지만, 자칫 무례하고 공격적인 태도라는 비난을 받을 수 있다. 이때 "질문을 해주셔서 감사합니다. 강연 끝에 답을 드릴 테니 잠시 기다려주시겠어요?"라고 답한다면? 이것이 바로 자기중심적인 태도다. 이렇게 함으로써 당신은 청중의 의견을 존중하는 동시에 더 이상 방해받지 않고 이야기를 계속할 권리까지 챙겼다.

당신은 어떤가? 이기주의자처럼 '나'만 생각하기는커녕 오히려 '남'만 위하고 있지는 않은가? 이기적으로 굴지 않으려다 정작 자신을 너무 뒤로 제쳐둔 것은 아닌가? 생각을 감추고 진심을 억누르고 있지는 않은가? 스스로를 존중하는 사람은 생각하는 바를 숨기지 않는다. 동시에 다른 사람 역시 의견을 내고 욕구를 표명할 수 있도록 항상 충분한 공간을 마련한다.

또한 자기중심적인 사람은 다른 사람이 자신을 위해 배려하거나 희생하기를 기대하지 않는다. 단지 자신이 무엇을 원하는지 분명히 알려야 한다고 생각할 뿐이다. 상대방과 동등한 눈높이에서 이야기하고, 의견 대립으로 생긴 갈등에서 반드시 이

겨야 한다고 생각하지 않으며, 다른 관심사에 대해 의견을 주고받는 일을 중요하게 여긴다. 이런 일은 대부분 상호협의로 끝나거나 다음과 같은 결론으로 마무리된다. "We agree that we disagree." 즉 우리는 서로 의견이 같지 않다는 것에 의견을 같이한다는 것이다.

무엇보다 자기를 소중히 하는 사람은 '적절하지 못한 겸손함'을 알지 못한다. 능력이나 지식을 괜히 숨기지 않고, 자신이 해낸 일과 재주를 자랑스럽게 여기며, 이를 기꺼이 선보인다. 하지만 자신뿐 아니라 다른 사람이 하는 일도 가치 있다고 평가한다는 점에서 이기주의자와 차별화된다. 쇼펜하우어는 '이기주의란 한 인간이 오직 자신만을 세상의 중심에 두고, 본인의 실존과 번영을 다른 사람들보다 우선순위에 놓고 고려하려는 성향'이라고 설명했다. 이기주의자는 이런 목적을 위해 다른 모든 것을 희생시킬 준비가 돼 있다. 본인의 자아를, 넓고 넓은 바다 가운데에서 물 한 방울에 지나지 않는 자아를 좀더 오래 붙들려고 온 세상을 파괴할 준비가 돼 있다. 하지만 이런 묘사는 자기중심적인 사람에게는 어울리지 않는다. 자기중심적인 사람은 다른 사람에게 자신과 같은 입장에 서고 동일한 생각을 하라고 강요하지는 않되, 자기가 무슨 생각을 하고 어떻게 느끼며 무엇을 바라는지는 분명히 알린다. 다른 사람을 대할 때 그가 나와, 또 내가 그와 동등한 입장이라는 자세를 갖춘다. 다시 말해, 자신의 의지가 다른 사람의 의지보다 더 가치가 높거나 낮다고 생각하지 않는다. 의지는 달라도 그 가치는 같다고 여기는 것이다.

자기 자신에게서 멀어지지 마라

1970년대 사람들은 '자아를 실현시키는 일'을 인격성장을 위해 꼭 이루어야 할 목표라고 생각했다. 인본주의 심리학자 에이브러햄 매슬로는 자아실현을 '인간의 자기충족에 대한 욕망'이라고 해석했다. 그는 이를 주제로 진행한 연구에서 자아를 실현한 사람은 "자율적이라고 명명할 수 있다"고 단언하며 "이런 사람은 사회에서 정한 법칙이 아닌 자기 본연의 성격에서 나온 법칙을 따른다"는 결론을 내렸다. 매슬로에 따르면 자아를 실현한 사람들은 '남에게 덜 순응하고, 덜 설득당하고, 덜 변형된' 집단이다.

자아를 실현한 사람은 자신이 느끼는 감정과 사고에 대해 잘 알고, 의지가 강하며, 특별한 능력을 발전시키고, 이를 밖으로 표출하기 위해 적절한 조건을 갖추려 한다. 정신분석학자 카렌 호나이는 '근본적으로 방향이 일부러 틀어지지 않는 한 사람들은 자아를 실현하는 쪽으로 발전하기 마련'이라고 설명한다. 하지만 호나이에 의하면 '방향이 틀어질 경우에는', 특히 일정한 교육방침으로 인해 발달의 방향이 바뀌면 사람들은 '확신, 즉 자신이 어떻게 살지를 적극적으로 결정할 권력'을 잃는다. 이로 인해 결국 '본인의 견해'도 잃고 만다. 교육의 역할에 대해서는 뒤에서 더 자세히 살펴보겠다.

자기중심처럼 자아실현도 평판이 나빠졌다. 1970년대와 1980년대 사람들이 목표를 향해 가열차게 나아가면서 자아실현이라는 개념을 상당히 개인주의적으로 해석한 것이 하나의 원인으로 작용했다. 자아실현은 대부분 "나는 나고, 너는 너다. 나는 너의 기대에 부응하려고 이 세상에 존재하는 것이 아니고, 너도 내 기대를 충족시키려고 사는 것이 아니다"라며 선을 명확하게 긋는 것과 관련된다. 심리학자 프레더릭 S. 펄스Frederick S. Perls가 주장한 소위 '게슈탈트 기도문'은 1970년대와 1980년대 심리학 열풍을 일으키기도 했지만 자아실현의 이미지가 왜곡되는 데도 한몫을 했다. 심리치료사 디터 슈녹스Dieter Schnocks에 의하면 자아실현이란 개념은 최근 "가치를 상실한 채 쓰이고 있으며, 이제 거의 아무런 의미도 담고 있지 않다. 많은 잡지가 자아를 실현하는 열 가지 방법에 관한 기사를 싣고 있지만 실제로 자아를 실현할 가능성은 거의 제공하지 못하기 때문에 자아실현이라는 개념은 설 자리를 잃었다".

자기중심이 잘못된 표상과 연관되어 이기주의라는 오해를 받는 것처럼, 자아실현 역시 이기주의와 동급으로 취급받게 됐다.

하지만 자아를 실현하고자 하는 바람은 이기주의적인 '나는 나'라는 심리학 열풍과 전혀 연관이 없다. 철학자 마그누스 슐레테 Magnus Schlette는 자아실현이란 오히려 "자신을 위해 삶을 영위하며, 제3자의 감독 없이 자기 나름대로 삶을 완성하는 데 있다. 이때 개인적 특성과 잠재력을 펼치고, 능력을 형성하고, 욕구를 충족시키고, 바람을 실현시키고, 삶의 계획을 실천하는 것이 중요하다"고 설명한다. 슐레테가 이렇게 정의 내린 문장에서 '자아실현'이라는 단어를 '자기중심'으로 대체하면 '자기중심은 자아실현과 많은 관련이 있고, 구체적으로 삶을 제3자의 감독 없이 영위할 수 있도록 하는 전제조건'이라는 점이 뚜렷해진다. 자기를 중심에 둔 사람만이 자아를 실현할 수 있다.

카를 구스타프 융도 사람들이 자기가 되고자 구상했던 사람으로 성장하는 데 자아실현이 중요하다고 여겼다. 융은 이와 관련해 '개성화 individuation'라는 개념을 이야기한다. 그에 따르면 우리는 "자아실현을 이루고, 가능한 완전한 존재가 되기 위해 겸허한 자세로 노력해야 한다". 이렇게 되는 과정에서 스스로의 의견을 내세우고, 자신이 이루려는 목표를 정하고, 이를 위해 정진하고, 다른 사람의 기대와 규칙에서 벗어나 '해야만 하는 일'이 아닌 '하고 싶은 일'을 하는 것이 중요하다. 융은 무엇을 하고 싶은지를 알아내려면 교육과 계율에 의해 억압받은 '그림자'와

홀대받은 면과 대결하고, 정당성을 찾도록 도와야 한다고 말한다. 심리학자 안드레아스 딕Andreas Dick은 이렇게 하다 보면 "남에게 익숙한 모습으로 사는 것이 아니라 점점 본래의 모습으로 돌아가게 된다"고 말한다.

남이 요구하는 모습이 아니라 내가 원하는 모습으로 사는 사람, 자기중심적으로 자아실현을 이룬 사람은 비타협주의자다. 다르게 표현하자면 사실 매우 불편한 사람이 될 수도 있다. 상황에 따라 아웃사이더와 훼방꾼으로 비춰지는 일을 감수해야 하므로, 스스로를 불편하게 만들고 남의 눈에도 불편한 존재가 되곤 한다. 하지만 나를 중심에 놓은 삶은 이런 불편함을 감수할 만큼의 가치가 충분하다. 자기 자신에게서 멀어지지 않고, 스스로 결정한 삶을 살 수 있기 때문이다.

자기중심은 자기 자신뿐만 아니라 자신의 욕구와 바람, 즉 삶의 '본질적인 것'과 교류하도록 도와준다. 그렇기에 우리가 다른 사람의 기대나 요구에 부응하거나 영향받지 않도록 보장해준다. 자기를 존중하는 사람은 일어나는 모든 일이 본인에게 어떤 의미가 있는지와 이것이 자신에게 정말 중요한지를 묻는다. 이런 사람은 어떤 일을 남이 결정하거나 조종하도록 놓아두지 않고, 모든 실권을 스스로 쥐고 있다. 이건 아주 중요한 일이다.

불행에 저항할 수 있는 힘

영어 'resilience'는 '저항력, 탄력성'을 뜻한다. 2010년 세상을 떠난 심리치료사이자 회복탄력성 전문가 로즈마리 벨터-엔덜린 Rosemarie Welter-Enderlin은 심리학에서 회복탄력성은 '개인적으로, 그리고 사회적으로 전달된 자원에 대한 재수용하에 생긴 위기를 극복하고, 발전을 위한 계기로 이용하는 능력'을 의미한다고 정의 내렸다. 회복탄력성은 때로는 긴장되고 힘든 시기에 처할 수밖에 없는 우리가 용기와 자신감을 잃지 않도록 지켜준다는 점에서, 탄력 있는 번지점프 끈에 비유되기도 한다. 인생이 녹록하지 않을 때에 이 정신적 끈은 바닥으로 거칠게 떨어져 다치지 않도록 우리를 보호하면서, 주어진 상황에 적응할 탄력성을 제공한다.

오늘날 회복탄력성은 그 어느 때보다 중요한 역할을 맡게 됐다. 요즘 세상이 개인에게 부과하는 거대한 요구를 감당하려면 정신적 탄력성이 필요하기 때문이다. 회복탄력성을 주제로 다룬 많은 책과 연구는 직장과 일생생활에서 스트레스를 어떻게 적절히 처리할 수 있는지, 억압받는 상황에서 심신의 건강을 유지할 수 있는 방법은 무엇인지에 관한 질문과 답으로 가득하다. 책을 통해 우리는 좀더 탄력적으로 될 수 있는 방법을 충분히 배울 수 있다.

그런데 알고 보면 우리가 정신적으로 저항할 수 있는 것은 모두 자기중심의 덕이다. 자기중심 없이는 탄력적인 사고와 행동 방식을 발전시키는 일이 거의 불가능하기 때문이다. 회복탄력성으로 향하는 길은 자기중심에서 시작한다. 스스로를 존중하고 중요하게 생각할 수 있다면, 고통스러운 정신적 추락에서 자신을 지킬 수 있는 번지점프 끈을 마련할 수 있다. 여러 연구에서 회복탄력성이 강한 것으로 입증된 사람은 전형적으로 자기중심적인 사람이었다.

회복탄력성이 좋은 사람은 낙관주의자다. 이들은 어려움을 언젠가 반드시 지나가는 것이라고 생각하고, 스스로 위기를 넘기려 하고, 무언가가 긍정적인 영향을 줄 수 있을 거라고 기대한다. 그렇기에 불확실성과 불안정을 견디고, 스스로에게서 건강하게 거리를 둘 줄 알며, 자기 자신에 대해 진정 웃을 수 있다. 회복탄력성이 강한 사람은 꾸미지 않고 있는 그대로의 모습을 보이며, 굳이 남에게 평가받고 싶어 하지 않는다. 이들은 어려운 경험을 통해 발전할 수 있다고 확고하게 믿는다. 그렇기에 "불행을 전화위복의 기회로 살릴 수 있으며, 나쁜 경험에서도 유용한 것을 얻을 수 있다"와 같이 말한다. 혹은 "예측할 수 없는 일이 발생해서 도전해야 한다면 소매를 걷어붙이고 행동하겠다"라며 적극적인 태도를 보인다.

한번 생각해보자. 지금까지의 경험에 비추어볼 때, 앞으로 당신이 마주할 삶은 어떤 모습일까? 언제나 그랬듯 지치고 힘든 가시밭길일까, 아니면 마침내 행복하고 따뜻한 꽃길이 펼쳐질 차례일까? 회복탄력성이 좋은 사람은 삶을 좀더 편하게 생각한다. 즉 좋은 경험과 힘든 경험 중 어느 쪽이 자신을 기다리는지에 개의치 않는다. 심리치료사 브리기테 도르스트Brigitte Dorst는 "회복탄력성과 내적 힘의 원천을 이용하는 법을 아는 사람은 자기 자신과 다른 사람, 삶과 좋은 관계를 맺는다"고 확신한다. 회복탄력성에 관한 연구 결과를 자기중심의 시각에서 관찰하면, 자기중심이 이런 정신적 저항력의 주요 전제조건이 된다는 사실을 알아차릴 수 있다. 자기중심을 가지고 자신의 인생과 타인을 마주한다면 정신적 번지점프의 끈이 우리가 추락하지 않도록 보호해줄 것이다.

'있는 그대로의 나'로 산다는 것

우리는 자율성이라는 개념을 자주 쓰지만, 잘못 사용할 때도 많다. 자율성이라면 다른 사람으로부터의 완전한 독립을 연상하는 경우가 대다수다. 또한 자율성을 한계에 대한 욕구로 표출하거나 이를 통해 자신의 의미를 강조하려는 경우도 있다. 하지만 이 모든 것이 자율성은 아니다. 심리학자 아르노 그륀은 "자율성은 본인의 중요성에 대한 생각에서 나오는 것이 아니라, 방해받지 않은 본인의 감각과 감정, 욕구를 경험할 수 있으리라는 가능성에서 나온다"라고 정의한다.

심리학자 에드워드 데시와 리처드 라이언이 소위 '자기결정이론'에서 정의한 바와 같이, 자율성은 소속감과 권한 다음으로 모든 인간이 가진 기본 욕구다. 자율성을 추구하는 것은 '가능하면 스스로 많은 것을 선택하고, 삶의 관계와 목표, 계획에 관해 주도적으로 결정하는 것'을 뜻한다. 즉 자율성이란 어떻게 인생을 살아갈지에 대해 자유롭게 결정할 수 있는 것을 의미한다. 그렇기에 자율적이 되면 '있는 그대로의 나'로 살아갈 수 있다. 독립성을 공격하는 모든 것에 경계 태세를 갖추고 민감하게 반응하면서 "이렇게 해야 돼" 혹은 "그렇게 하면 안 돼"와 같은 주문에 대해 의문을 품고 반응할 수 있다.

자율적인 사람은 '자기조절능력'을 지닌다. 심리치료사이자 신경학자 요아힘 바우어가 쓴 것과 같이 이 능력으로 "삶에서 많은 것을 이룰 수 있지만, 이것 없이는 아무것도 얻을 수 없다. 자율성이 지닌 진정한 의미는 우리가 본연의 모습으로 진실한 삶을 사는 데 있다". 작가 미하엘 파우엔Michael Pauen과 하랄트 벨처는 자율성이 자치와 자기조절능력 이상을 의미한다고 설명한다. 각각 철학자와 사회학자인 두 사람은 이렇게 말한다.

"우리는 조건이 이상적이며, 어떤 방해도 존재하지 않는 상황에서 자신의 원칙을 그저 따를 뿐인 사람을 진정으로 자율적이라고 일컫지는 않습니다. 자신이 정말 원하는 대로, 확신과 원칙을 따르며 살기를 원하는 사람은 반대가 있더라도 이를 극복할 수 있는 상태를 갖추어야 합니다."

이들은 또한 다음과 같이 덧붙인다.

"다른 사람이 반대를 하면 우리는 본인의 원칙을 고수해야 합니다. 장애물이 있으면 원칙을 밀고 나갈 준비를 갖추어야만 합니다. 나와 다르게 행동하는 사람 속에서 자신마저 혼란에 빠지도록 놔두어서는 안 됩니다."

즉 자율적으로 살기 위해서는 자기중심적인 사람이 돼야 한다. 자신을 위해 고집을 피우고, 확신하는 것을 옹호하고, 맞바람이 불어닥쳐도 작아지지 않아야 비로소 내적 자율성을 갖출 수 있는 것이다.

'너 자신이 되어라. 다른 사람은 이미 존재한다'

"너 자신을 알라"는 델포이의 신탁은 유명하다. 또한 1945년 사해 근처의 나그 하마디에서 발견된 「도마복음」 52장의 내용 중에도 "네 안에 있는 것을 밖으로 나타내면 그것이 너를 구하리라. 네 안에 있는 것을 밖으로 보이지 않으면 그것이 너를 파괴하리라"라는 말이 적혀 있다. 자신의 본질과 직분을 아는 사람만이 참된 삶을 살 수 있다고 해석할 수 있다. 진실한 자아를 무시하는 사람은 참된 삶을 놓치며 산다. 그런데 '참되다'라는 것은 정확히 무엇을 의미할까?

자기 자신과 조화를 이루고, 내면 가장 깊은 곳에 확신과 가치를 품으며, 스스로를 신뢰할 수 있고 또 속이지 않는 사람을 참되다고 할 수 있다. 참된 사람은 생각한 대로 말하고, 말한 대로 행동한다. 참되다는 것은 자기 자체를 뜻한다. 그래서 참됨은 가장 중요한 발전 단계의 하나에 속한다. 참된 사람은 자신의 감정과 의심, 의지와 교류하고, 스스로 목표를 정하고, 나쁜 길로 빠지지 않는다. 참된 사람은 진심으로 가득한 사람이며, 인습과 적응, 습관이라는 산더미 아래에 파묻히지 않고 삶의 의미가 무엇인지 정확하게 아는 사람이다.

에리히 프롬에 의하면 참되게 살려는 사람은 '날마다 새롭게 태어날' 준비를 갖추어야만 한다. 그리고 이것은 다시금 모든 안정을 포기할 준비를 요구한다. 다른 사람과 자신을 구분하고, 고립을 참고, 진실 외에는 다른 것에 관심을 두지 않을, 다시 말해 사고뿐 아니라 느낌까지 자신과 관련된 모든 것에 진실할 용기가 필요하다. 참된 사람에게는 완전히 자기 자신이 될 용기가 있다. 이를 위해서는 사고와 행동에 자명함을 지니고, 비타협주의자가 될 준비를 갖추는 일이 불가피한 전제조건이다. 그리고 많은 연구에서 보여주듯이 이에 대한 대가로 정신적으로 안정적인 건강 상태와 높은 문제해결능력, 강한 자존감과 자신감을 보상받게 된다. 작가 마이크 로빈스는 『너 자신이 되어라: 다른 사람은 이미 존재한다』라는 책에서 참됨의 다른 '이점'을 소개한다.

- 자신감과 열정을 좇을 준비 자세.
- 자신을 주저하게 만들 걱정, 핑계, 다른 사람의 의견, 조작, 거부 등으로부터의 해방.
- 건강, 적은 스트레스, 충만한 힘.
- 다른 사람과의 풍족한 관계.
- 자기 자신과의 교류.
- 자아수용과 자기애.

마이크 로빈스는 "진실을 말하고, 우리 자신이 되고, 정말 참되게 살 용기를 내면 이런 멋진 것을 모두 가질 수 있다"고 말한다. 사고와 행동에 있어서의 자명함과 참된 것에 대한 용기는 이를 위한 전제조건이다. 참되게 사는 사람은 삶에 대한 자신만의 이유를 찾았다고 할 수 있다. 이런 사람은 삶에 인장을 남겨 자기 것으로 만들고, 고유의 견해가 영혼의 가장 후미진 구석에서 먼지 쌓이는 일이 없도록 신경 쓴다. 그렇다면 자기중심은 참됨과 일치할까? 앞의 문장에서 '참되다'를 '자기중심적이다'로 바꾸어보면 답을 알 수 있다. 자기중심이 없다면 '본래의' 자아로 가는 출입구는 막혀 있는 것이다. 고집스럽게 자신의 길을 가고, 길 위에서 만나는 사물과 사람 속에서 본인만의 의미를 찾을 수 있는 사람만이 참되게 살 수 있다.

스스로 생각한 사람으로 발전하는 일

자기중심적인 사람은 다른 사람이 보기에 어쩌면 괴짜처럼 비칠 수도 있다. 그렇다고 해서 이기적이며 남을 부정하게 조종한다거나 공격적이라고 여기는 사람은 아무도 없을 것이다. 자기중심적인 사람은 "다른 사람이 너를 대할 때 싫은 것이 있으면 남에게도 그 일을 하지 마라"라는 좌우명에 따라 살기 때문이다. 당신이 자기중심적이라면 다른 사람이 당신의 모습을 그대로 인정하고 당신을 조종하거나 감독하기를 원하지 않는 것처럼, 다른 사람을 인정하고 그 모습 그대로를 그들의 자기중심이라고 받아들인다. 자기를 존중하는 사람은 다른 사람과 그들의 의견으로부터 독립할 수 있고, 남도 마찬가지로 당신과 당신의 의견에서 독립하기를 원한다. '나는 여기에 있고, 너는 저기에 있다'라는 태도는 자기중심적 삶의 본질적인 특징 중 하나다.

'감별진단'은 자기중심성이 이기주의와 다른 사람 위에 군림하려는 공격적인 우월감과는 전혀 상관이 없다는 사실을 보여준다. 하지만 자기중심성은 성격심리학의 중요한 개념들, 즉 자아실현, 자율성, 회복탄력성, 참됨을 갖추기 위한 전제조건이다. 자기중심을 통할 때 비로소 한 사람이 완전한 잠재력을 펼치고, 스스로 생각했던 사람으로 발전할 수 있다. 그러니 지금부터라도 '나'를 삶의 중심에 놓자. 괜히 스스로를 낮추지 말고, 장점과 성과를 내세우는 일을 부끄러워하지 말자. 다른 사람의 요구 대신 내 마음속의 주문에 귀 기울이자. 생각과 의견을 당당히 밝히는 일을 주저하지 말자. 그로 인해 남들이 당신을 불편하게 느끼더라도 기꺼이 '불편한 사람'이 될 용기를 내자. 그것이 당신이 그 누구도 아닌 '있는 그대로의 나'로 살 수 있는 방법이다.

'친절한 어른'이 된
'착한 아이'의 딜레마

자기 자신을 최우선으로 두고 그 누구보다 나를 먼저 위하는 일은 왜 어려운 걸까? 나를 중심에 놓고 살기 위해서는 자기중심성이 장려되는 환경에서 학습받는 것이 중요하다. 어린 시절 본인의 의지를 보여도 됐는지, "아니요"라고 말해도 됐는지, 이런 학습 경험의 유무가 자기중심적인 사람으로 발전할 수 있는 용기를 갖게 될지 아닐지를 가른다. 물론 이런 학습 경험이 없다고 해서 자기중심을 추구할 수 없는 것은 아니다. 하지만 어린 시절 정확히 어떤 교육을 받았는지, 그때의 경험이 현재 어떤 역할을 하는지를 알아야 비로소 자신을 더 잘 이해하고 장기적으로 변

자기화해

화를 꾀할 수 있다.

어린 시절을 떠올려보자. 그 당시에 배운 근본적인 가치는 무엇인가? 무엇이 옳고, 무엇이 잘못됐다고 배웠나? 어떤 것은 해도 되고, 어떤 것은 절대 해서는 안 됐나? 얌전히 굴고 말을 잘들으면 칭찬받고, 계속 그렇게 하도록 장려됐나? 부모님은 당신이 얼마나 차분하고 착한 아이인지를 강조하면서 자랑했나? 아니면 당장 벌받을 것을 두려워할 필요 없이 반항하고 대들어도 괜찮았나? 간단히 말해서, 당신은 착하고 얌전하고 분위기를 맞출 줄 아는, 말썽이라고는 부리지 않는 아이였나? 아니면 "왜?" 라는 질문을 끝없이 해대서 어른들의 신경을 긁고, "아니, 싫어!"라고 대꾸할 줄 알며, 하고 싶은 일이 어른의 뜻과 충돌하면 문제가 발생할 것을 감수하고라도 계속 시도하는 아이였나?

부모님과 주위의 중요한 사람이 당신을 어떤 태도로 대했는지 생각해보자. 그들은 당신이 뜻을 알리는 것에 대해 어떻게 반응했으며, "이건 내 거야!" "줘!" 등 소유욕을 드러내고 떼를 쓸 때 어떤 식으로 대응했나? "그렇게 고집 피우지 마!" "네가 원하는 걸 다 할 수 있을 거 같아?" "네 맘대로 하겠다는 거야?"라며 혼이 났나? 엄마나 아빠가 당신을 '고집쟁이' '고집불통'이라고 불렀을 때 긍정적인 뉘앙스가 풍겼나? "아니, 나 그거싫어"라고 말했을 때 그 의견은 (양보는 받지 못하더라도) 존중되었나? 아니면 완고하게 굴 때 비난과 꾸지람을 받은 편인가?

두세 살배기가 자신의 의지를 발견했을 때 어른이 이를 어떻게 대하는지가 매우 중요하다. 이런 발전의 단계를 공격성이나 예의 부족 혹은 반항기의 불쾌한 증상으로 평가하면, 아이가 자립하려는 욕구에 브레이크를 거는 것이나 마찬가지다. 어쩌면 아이는 종종 "내가 그렇게 말하니까, 안 돼" "어른이 말할 때는 조용히 들어" "너한테 좋은 게 뭔지는 내가 잘 알아" "말대꾸하지 마"와 같은 말을 들었을지 모른다. 부모가 이런 말을 실제로 하든, 그저 눈빛과 행동으로 '착한 것'이 좋고 '자기고집대로 하는 것'은 나쁘다고 전하든, 결과는 같다. 아이는 본인의 생각을 중요하게 여기지 못하고, 자기 의지대로 밀고 나가면 위험에 처한다고 배운다. 부모가 아이의 의지력을 불복종으로 받아들이고 판단과 권위에 대한 공격으로 이해하면, 아이는 순종하지 않고 의견을 내세움으로써 부모의 사랑을 잃을 수 있다.

작게나마 의지를 드러냈을 때 제지를 당한 아이는 생각이나 건전한 고집을 발전시키지 못한다. 독립과 자율성에 대한 추구가 진지하게 받아들여지지 못하고 억눌려지기 때문에 굉장히 이른 시기부터 다른 사람이 어떤 모습을 원하고 어떤 행동을 야단치는지를 분명하게 습득한다. 또한 부모의 욕구와 소망이 자신이 원하는 것보다 무조건 더 중요하다고 배운다. 결국 부모가

자기화해

바라는 것에 자신을 일치시키기 위해 스스로의 생각, 바람, 소망은 점점 밀쳐낸다. 엄마의 욕구가 곧 아이의 바람이 되어버리고 아빠가 하는 말이 항상 옳다고 믿는다. 순종하도록 키워진 아이는 무엇을 하고 싶다거나 하기 싫다고 말하는 일이 점점 뜸해진다. 아이는 '삶과 그 속에서 벌어지는 모든 일에 내가 원하는 대로 고집을 부리면 어른들은 참지 못해. 어른들은 나한테 뭐가 중요한지 알고 있어'라고 인식한다. 그 결과, 자립적인 사람으로 발전하는 데 크나큰 지장을 받는다.

어렸을 때 의지를 밝히고 "아니요"라고 말할 수 있었던 경험, 어른이 전달한 메시지, 그들이 금지한 것과 명령, 혹은 격려와 응원은 모두 아이에게 피와 살이 되고, 살아가면서 맞출 장단을 '작곡'한다. 그런데 의견이 매번 환영받지 못하는 데다 계속 벌까지 받게 되는 경우 아이는 어른이 원하는 대로 하지 않으면 애정이 듬뿍 담긴 관심을 박탈당할 것임을 감지하고 이를 피하기 위해 말 잘 듣는 아이로 성장할 확률이 매우 크다. 이런 아이는 어른에게 순종하는 것은 옳고 그 외에 다른 모든 행동은 위험하다고 생각한다. 벌받을 수 있다는 두려움 위에 거부당할지도 모른다는 공포가 더해진다. 이런 두려움은 부모가 원하는 것에 자신을 맞춤으로써만 이겨낼 수 있기에, 아이는 부모와의 사이가 좋아지도록 모든 것을 시도한다. 하지만 여기에는 당연히 결과가 따른다. 교육학자이자 심리치료사 외르크 뮐러Jörg Müller는 "유년기와 청소년기 수년간 어른이 원하는 것을 아무런 저항 없이 그대로 해야 했던 사람은 장기적으로는 의기소침한 사람이 된다. 이런 사람은 자신의 삶을 살지 못하고 낮은 자존감, 절망감, 혼란스러운 불안감에 억눌린 성향으로 서서히 변해간다"라고 설명한다. 부모가 엄격함과 통제로, 혹은 과잉보호로 자율성과 자기중심성을 '제거하면' 아이의 일생에 큰 영향이 미치는 것은 불을 보듯 훤하다. 이때 아이가 배우는 것과 훗날 성인이 되었을 때 생길 수 있는 부작용들을 살펴보자.

- "나는 내가 원하는 것과 바라는 것을 요구해선 안 돼": 성인이 돼서도 자기가 무엇을 원하는지 모를 때가 많다. 심지어 어떨 때에는 원하는 것이 아예 없다고 믿는다.

- "'싫어'라고 말하면 대가를 치를 거야. 더 이상 예쁨받지 못할지도 몰라": 어른이 된 후에도 스스로 한계를 정하는 일을 피하고, 대부분 남에게 양보하는 편이다. '그 일은 나에게 그리 중요하지도 않은데 뭐. 평화를 위해 내가 가만히 있는 편이 낫지'라는 생각을 종종 한다. 말 잘 듣던 아이는 친절하고 양보 잘하는 어른으로 성장한다.

자기화해

- "부모님 말이 맞아. 나는 틀렸어": 자기가 느끼고 생각하는 것이 정말 옳은지 성인이 된 지금도 확신하지 못한다. 틀린 것을 말하느니 아예 입을 다문다. 특정 주제에 대해 스스로 어떤 견해를 갖는지 아예 모르는 경우도 많다. 간혹 자기가 생각하는 것을 말하거나, 좀 더 나아가 다른 사람의 의견을 비판하고 반대한 뒤에는 대부분 기분이 좋지 않다.

- "내가 원하는 것을 말하면 사랑받지 못할 거야. 착하게 행동해야만 인정받을 수 있어": 회사에서도 성과를 올리고 도움을 줌으로써 인정받으려고 노력한다. 일을 너무 많이 하고, 다른 사람을 무조건 만족시키려 하며, 자신의 한계를 종종 넘어선다. 더 이상 무엇인가를 할 힘이 완전히 없어졌을 때에야 비로소 문제를 알아차린다.

- "화내거나 분노하면 바로 야단맞아. 어른들을 실망시키지 않으려면 부정적인 감정은 그냥 혼자 삼켜야 해": 화와 실망, 분노, 슬픔과 같은 감정을 여전히 숨기며 산다. 다른 사람이 이런 감정을 좋아할 리 없으며, 갈등만 일으킬 뿐이라고 두려워한다. 갈등은 반드시 피해야 된다고 생각한다.

- "부모님은 내가 나무 장난감을 받고 기뻐할 거라고 생각해. 그러니

까 친구가 가진 플레이모빌 같은 것을 받지 못했다고 해도 실망을 드러내면 안 돼": 탐탁지 않은데도 마치 마음에 든 것처럼 행동할 때가 많은 자신의 모습을 발견한다. 별로라고 생각했다가 다른 사람이 괜찮다고 하는 말에 설득당하기도 한다. 결국 남이 만족하는 것을 중요하게 생각하기 때문이다. 자신이 만족하는지는 그리 중요하게 생각하지 않는다.

- "엄마 아빠는 내가 잘못된 일을 하면 슬퍼하고 실망할 거야. 부모님의 마음을 제대로 헤아려야만, 잘못을 수습하고 애정을 되찾을 수 있어": 지금도 마찬가지로 다른 사람을 절대 실망시키거나 괴롭히거나 화나게 하지 않으려 애쓴다. 아예 처음부터 갈등 상황이 생기지 않도록 애쓴다. 어쩌다가 갈등을 피할 수 없는 상황이 발생하면 자신이 책임을 지고, 양보로 다른 사람을 진정시키고, 이들을 자기 편으로 되돌리기 위해 무진장 애를 쓴다.

자신의 의지가 중요하게 여겨지고, 자기 눈으로 사물을 관찰하고, 다른 사람이 자기 의견을 진지하게 받아들이는(항상 이것을 밀어붙이지는 못했더라도) 경험을 한 사람만이 성인이 된 후에도 자신의 의견이 인정받지 못하거나 다른 사람의 의견을 따라야 하는 상황에서 자신을 보호할 수 있다. 부모가 아이의 자율성이 발달하도록 분위기를 형성하는 대신에 말 잘 듣고 다루기 쉬운 아이로 키우려고 하면, 성인이 됐을 때 자신의 뜻에 따라 삶을 영위하는 일이 힘들어진다. 이를 모두 부모의 책임으로 떠넘기려고 하는 말은 아니다. 부모가 아이에게 순종하도록 강요하고 제 뜻대로 하는 아이를 힘들어하는 이유는, 자신이 어렸을 때 받았던 교육 때문이다. 우리 이전 세대는 자기중심성을 오늘날보다 훨씬 더 부정적으로 여겼다.

우리가 왜 자기중심적으로 생각하고 행동하는 일을 어려워하는지, 또 자기중심성이 가진 이미지가 예전이나 지금이나 왜 좋지 않은지를 좀더 잘 이해하고 싶으면 과거로 시선을 돌려볼 필요가 있다. 어떤 교육 환경에서 증조부모, 조부모, 부모가 성장했는지를 살펴보면 우리가 왜 이토록 자기중심성을 저평가하는지 이해가 된다. 한 세대의 양육 경험은 대부분 다음 세대로 전달되기 때문이다. 어렸을 때 순종과 원칙, 종속 속에서 성장한 사람은 자녀가 본인의 의지를 갖는 것과 고집스럽게 "아니요"라고 말하는 것을 인정하는 일을 매우 힘들어한다. 2009년 사망한 교육학자 쿠르트 징어Kurt Singer는 "무조건 순종할 것을 요구받았던 어렸을 적의 경험이 부모와 교육자의 입장이 됐을 때 다시 떠오른다"라고 설명했다.

"이렇게 성장한 어른은 그 당시에 자기가 뺏겼던 것을 자신의 아이에게서 빼앗으려 싸웁니다.”

순종하라는 교육을 받고 자란 사람은 자기 아이에게도 같은 교육을 시킨다는 것이다. 19세기 말부터 오늘날까지 자기중심성에 대한 짧은 역사를 들여다보면 왜 현재의 부모와 교육자들이 아이에게 얼마큼의 자유와 자율성을 허용해도 되는지, 원칙과 순종이 교육의 중요한 목표인지 아닌지를 주제로 아직도 토론을 벌이는지 이해할 수 있다.

동화 「고집 센 아이」와 영화 <하얀 리본>

시대를 막론하고 고집쟁이 아이 때문에 교육자는 항상 골머리를 앓는다. 자기주장이 강한 아이를 어떻게 잘 다룰 수 있는지를 가르쳐주는 조언이 교육학을 이끌었다고 해도 과언이 아니다. 한 예로 1748년에 나온 지침서에는 “부모는 아이가 고집을 부릴 때 회초리를 이용해서 고집을 꺾어야 한다. 이렇게 해야만 순종적이고, 유순하고, 착한 아이가 될 수 있다”라고 쓰여 있다. 19세기에 들어서서도 이런 사고방식은 달라지지 않았다. 무조건적인 순종은 노력해서 도달해야만 하는 교육목표였다. 1812년과 1858년 사이에 발간된 그림형제의 동화집 중 「고집 센 아이」라는 동화에서는 더욱 충격적인 방식으로 이를 주제화했다.

“옛날 옛적에 고집 센 아이가 있었습니다. 아이는 엄마가 원하는 일은 하지 않았습니다. 그래서 아이를 예쁘게 보지 않았던 신은 아이를 병들게 했습니다. 아무리 훌륭한 의사가 와도 병을 치료할 수 없었고 얼마 뒤 아이는 죽고 말았습니다. 무덤을 파고 아이를 묻은 다음에 흙을 몸 위에 뿌리자 갑자기 아이의 팔이 불쑥 하늘을 향했습니다. 팔을 잘 내려놓고 다시 흙으로 덮어도 소용이 없었습니다. 팔은 다시 계속해서 위로 뻗었습니다. 그때 엄마가 무덤으로 다가가 회초리로 아이의 팔을 때렸습니다. 그러자 팔은 제자리를 찾아갔고, 아이는 그제야 땅 속에서 평안을 찾았습니다."

19세기 부모는 아이에게 고집을 피워봤자 아무런 소용이 없다는 것을 가르치려고 이런 동화를 읽어주었다. 당시 많은 아이들은 희망 사항, 욕구, 바람을 드러내면 가장 무서운 방법으로 벌을 받게 된다는 사실을 마음에 새겼다. 이렇게 무서운 이야기를 들어야만 했던 아이는 겁을 먹고 두려워하면서, 하고 싶다고 느끼는 모든 충동을 위험하다며 억누르고 무시했다. 단지 어른이 화를 내는 것을 피하려고 말이다. 오늘날의 우리는 고집 센아이에 대한 동화가 끔찍하다고 느끼며, 이 책이 더 이상 필독서가 아니라는 사실을 다행스럽게 생각한다. 그런데 19세기 중후반 이런 동화가 주는 가르침의 '혜택'을 받은 세대가 자신의 아이를 어떻게 교육했는지가 궁금해진다. 이들은 아이 스스로의 생각과 경험을 인정하고, 의견을 내세울 수 있도록 용기를 북돋아 주었을까? 반드시 그렇지만은 않다는 사실을 우리는 안다.

영화 〈하얀 리본〉은 20세기 초반의 아이들이 어떻게 컸는지를 인상 깊게 그리고 있다. 미하엘 하네케 감독은 이 영화로 저명한 영화제에서 많은 상을 받았다. 영화는 20세기 초 아이들이 어떤 교육 분위기에서 성장했는지, 사람들이 복종과 규율을 강요하는 일을 얼마나 당연하게 여겼는지, 어른들이 정해놓은 엄격한 규칙을 어기려 했을 때 아이들이 무엇을 감당해야만 했는지 잔혹한 방식으로 묘사한다. 영화가 다루는 시대적 배경은 1913년에서 1914년으로 제1차 세계대전이 시작되기 전이다.

당시 아이들이 어떤 교육을 받았는지를 끔찍한 방법으로 보여주는 장면이 있다. 클라라(약 14세)와 마르틴(약 12세)은 집에 너무 늦은 시간에 돌아왔다. 아버지는 문을 등진 채 다른 가족들과 저녁 식사를 하려는 참이다. 접시는 아직 비어 있다. 마르틴과 클라라는 마을의 목사를 맡고 있는 아버지를 향해 작고 겁에 질린 목소리로 집에 늦게 돌아온 일을 용서해달라고 빈다. 아버지는 처음에는 아무 말도 하지 않다가 잠시 후 아이들 쪽을 돌아보지도 않은 채 조용히 말한다.

"여기 식탁에 앉아 있는 사람 중에 오늘 저녁에 밥을 먹은 사람은 아무도 없다. 어두컴컴해졌는데도 너희가 집에 돌아오지 않자 너희 어머니는 울면서 동네를 이리저리 뛰어다녔다. 너희에게 무슨 일이 일어났을 거라는 생각에 우리가 기쁜 마음으로 먹고 마실 수가 있었겠니? 이제야 이렇게 나타나서는 용서를 해달라고 거짓말을 늘어놓으면 우리가 이제라도 먹고 마실 수 있을 거라고 생각하는 거니? 너희가 어딘가 모르는 곳에 멀리 있는 것과 다시 집으로 돌아온 것 중에 어느 쪽이 더 슬픈 일인지 잘 모르겠구나. 우리 모두 오늘은 굶주린 채 자러 갈 거다."

아버지는 잠시 시간을 두었다가 계속 말을 이어간다. "너희가 한 나쁜 짓을 벌하지 않고 그대로 넘길 수 없다는 데에 너희도 동의할 거다. 우리가 장차 다시 서로 좋은 사이로 지내려면 말이다. 그래서 말인데 내일 저녁, 지금과 같은 시간에 너희 형제가 보는 앞에서 열 대씩 회초리를 맞을 줄 알아라. 그때까지 너희가 저지른 짓이 얼마나 나쁜지에 대해 곰곰이 생각해볼 시간은 충분하겠지. 내 말을 따르겠지?"

아버지는 이렇게까지 굴욕을 주고도 성이 차지 않은 듯 아이들에게 하얀 리본을 매고 다니라고 강요한다. "너희가 어렸을 적에 너희 어머니가 이따금씩 머리나 팔에 리본을 매주셨지. 리본의 하얀색을 보면 순수함과 순결함이 생각날 것이다. 너희 나이정도 됐으면 이제는 예의범절이 마음속에서 충분히 자라서 더이상 리본이 필요 없을 거라고 생각했는데 내 생각이 틀렸구나.

내일, 너희가 훈육을 통해서 깨끗해지면 너희 어머니가 새롭게 하얀 리본을 달아줄 거다. 우리가 보기에 너희 행동을 믿을 수 있겠다 싶을 때까지 리본을 달고 다녀라."

유감스럽지만 영화에 나오는 이야기는 허구일 뿐이라고 애써 둘러대기는 어렵다. 본인의 부모나 조부모 혹은 증조부모가 영화에서 보이는 그런 마음가짐으로 성장한 것을 알기 때문이다. 이들은 무조건적으로 순종하지 않거나 착한 아이로 처신하지 않으면 어땠는지를 몸과 마음으로 직접 경험했다. 그 당시에는 아이가 반항하거나 고집을 내세우지 못하도록 제때 잘 잡는 것이 교육이었다. 대부분의 아이는 부모가 정한 엄격한 규칙에 부응하려고 애썼다. 규칙을 어기면 맞거나 애정 박탈 같은 형태의 체벌을 받는다는 사실을 알았기 때문이다. 아이들은 더 이상 사랑받지 못하는 것을 신체적 징벌보다 더 무서워했다.

여전히 존재하는 '커다란 불안감'의 정체

아이를 무조건 순종시키려는 '어둠의 교육법'이 기본적인 양육 지침에서 사라지기까지 긴 시간이 걸렸다. 그러다 68세대(1968년 5월 프랑스 학생운동을 주도했던 대학생들과 이에 동조했던 유럽과 미국의 젊은 세대−옮긴이)가 '반권위 교육'이라는 콘셉트로 사고를 전향시키는 데 성공했다. 사람들은 권위적인 가족구조가 권위적 성격을 유발하고 파시즘이 자리잡도록 터전을 마련한다는 점을 그제야 깨달았다. 그래서 68운동의 많은 이론가들이 아이가 성숙한 어른으로 자라도록 하려면 교육이 어느 방향으로 나아가야 할지에 대해 공부했다. 다음 세대는 자신과는 다르게 성장해야만 한다고 생각했기 때문이다. 질서, 규율, 복종 대신에 이제는 비판능력, 자치, 자주, 자기조절, 창조성 같은, 과거와 상반된 교육목표가 세워졌다. 아이는 본인의 욕구를 인지하고 이것을 표현할 수 있는 능력을 갖추어야 했다. 어른은 아이를 자주적인 인격으로 인정하고, 비판능력을 갖춘 사람으로 자라도록 교육하고, 자기 행동에 대해 아이가 이해할 수 있도록 설명하고, 아이를 명령의 수행자("내가 말하면 들어")로 격하시키는 일을 중단해야 했다.

하지만 이런 사고방식은 비판을 피하지 못했다. 1980년대 초 작가 에케하르트 클뢴Ekkehard Kloehn은 이렇게 비판했다. "한도 끝도 없이 아이가 원하는 것을 다 들어주고, 주저 없이 충족시켜주는 일도 아이의 성장에는 치명적입니다. 아이에게 부담감을 안기기 때문이죠. 사람들은 아이가 아직 하지 못하는, 즉 스스로 한계를 정하는 일까지 요구합니다."

그로부터 수십 년이 지난 2006년 아이에게 너무나 호의적이고 민주적인 사고방식을 가진 부모의 자유방임적 교육에 대한 비판이 절정에 달했다. 30년 동안 '슐로스 살렘'이라는 엘리트 학교의 교장을 맡아온 베른하르트 부엡은 『왜 엄하게 가르치지 않는가』라는 책에서 규율과 권위가 땅에 떨어졌기 때문에 교사가 나서서 다시 제대로 된 교육을 시켜야 한다고 주장했다. 부엡의 주장은 큰 반향을 일으켰다. 여섯 명의 자녀를 둔 스웨덴의 정신의학자 다비드 에버하르드의 논평 역시 매우 흡사했다. 2015년 독일어로 출간된 에버하르드의 책 『아이들은 어떻게 권력을 잡았나』는 '반권위적인 현재 우리 세계'에서 이전의 교육방식을 '나쁜 예'로 내세우는 일을 매우 안타까워했다. 그는 오늘날의 부모 세대가 좀더 많은 지도력과 규율, 경계를 갖출 것을 권고한다.

교육의 목표와 방식이 변했다고는 해도, 아이에게 의견이나 생각에 대해 고집스러움을 갖추라는 것이 교육이 추구하는 뚜렷한 목표가 아니라는 점은 이전과 다르지 않다. 오늘날의 부모는 권위적인 태도를 유지하고 싶어 하지도 않지만, 아이가 '폭군'이 되어 부모의 수염을 잡고 흔드는 일 또한 원치 않는다. 물론 이제는 아이가 싫다고 말하는 것을 무례한 행동으로 여기진 않는다. 또한 부모의 권위가 흔들릴까 걱정하지도 않는다. 그래도 여전히 아이의 의지가 너무 강하고 부모의 요구에 사사건건 반대하면 이를 문제로 보는 부모와 교육자가 많다. 덴마크의 가족

자기화해

심리치료사 예스퍼 율은 『아파도 No라고 말하는 엄마』라는 책에서 "우리는 아이가 어떤 대가를 치르더라도 무조건 순종해야만 하고, 우리가 말하는 것을 해야만 한다는 생각을 거의 벗어던졌다. 그래도 양치질이나 숙제 혹은 방청소 등 무엇이든 상관없이 아이가 부모의 말을 듣고 시키는 일을 하기를 여전히 원한다"라고 말한다. 율은 이 책에서 "아이는 사춘기가 될 때까지 어른에게 '싫다'고 자신의 의사를 분명하게 전달하는 일을 힘들어한다"라는 점을 밝혔다.

예스퍼 율은 심리학자 헬레 옌센Helle Jensen과 함께 쓴 책 『순종에서 책임으로』에서 '복종하지 않는 사람으로 다시 새로 만들어나가는 것'이 교육자가 할 일이라고 강조한다. 이들은 불복종 안에서 한 사람이 가담자나 위선자가 되지 않고, 본인의 권리와 타인의 권리를 존중하고 소중히 여기며 두려움 없이 지지하는 사람으로 발전한다고 봤다.

내가 정말 누구인지를
볼 수 있는 용기

소피 숄은 저항운동 집단 '백장미단'의 중심에 선 유일한 여성 단원이다. 숄은 나치 정부에 반대하는 전단을 뿌리고, 담벼락에 반反나치 문구를 새겼다. 어느 날 소피와 오빠 한스는 대학교에서 전단을 뿌리다가 관리인에게 발각되어 비밀경찰에 넘겨졌다. 신문을 하던 경찰은 소피에게 목숨을 구할 기회를 주었다. 나쁜 행위를 저질렀다는 사실을 인정하고 반성하면 도와주겠다는 것이었다. 신문기록에 따르면 소피 숄은 이 제안을 단칼에 거절했다. 그녀는 민족을 위해 최선을 다했다고 확신하며, 자신이 한 일을 전혀 후회하지 않는다고 답했다. 자신에게 닥칠 파멸적 결

자기화해

과를 그대로 받아들인 것이다.

왜 소피 숄은 주장을 철회하거나 행동을 후회한다고 말함으로써 목숨을 구하지 않았을까? 이렇게 했더라도 모두 그녀를 이해했을 텐데 말이다. 하지만 그랬다면 자신의 지식과 확신, 그리고 무엇보다 양심에 반대되는 일을 했어야 한다. 소피 숄은 그렇게 할 수 없었다. 목숨을 구했을지는 몰라도 자신이 믿었던 모든 것을 배신해야 했기 때문이다. 만약 자신의 가치와 고집을 꺾고 독재자의 체계 앞에 무릎을 꿇었다면 숄은 어떤 사람이 됐을까?

우리는 소피 숄이 보인 용기에 감탄한다. 우리 모두는 특별히 용감한, 위대한 사람들에게 감동받는다. 불의에 맞서 이웃 아이가 몸에 멍이 든 채 학교에 가는 것을 모른 척하지 않으며, 다른 사람이 지하철이나 거리에서 위협을 당하면 발 벗고 나서기를 겁내지 않는 사람들에게. 하지만 그들을 인정하면서도 동시에 선을 긋기 바쁘다. 소피 숄과 같은 사람은 자신에게 없는 것을 가지고 있다고 말하면서 "나는 그런 일을 할 만한 용기가 없어"라고 얼버무린다. 아니면 그렇게 큰 결단력을 존경하긴 해도, 너무 추진력 넘치는 행동이 외려 어리석지는 않은지, 어쩌면 아무 의미도 없는 것은 아닐지 의심한다. 결과적으로 소피 숄은 목숨을 잃었으니까 말이다. 우리는 이와 같은 사례를 스스로를 안심시키기 위해 인용한다. 자신을 위험에 너무 많이 노출시키면 결말이 어떨지는 안 봐도 안다는 식이다.

시인 에리히 프리트는 「이유」라는 시에서 사람들이 입장을 표명해야 할 때 어떤 생각을 떠올리며, 독자적인 행동이 요구될 때 어떤 이유를 찾는지를 인상 깊게 표현했다.

아무것도 소용이 없어서
그들은 결국 자신이 원하는 것을 하지

다시는 손가락을
불에 데고 싶지 않아서

사람들이 웃기만 할 테니까
그들은 너를 기다렸어

그런데 왜 맨날 나야?
아무도 나에게 고맙다고 안 할 거야
(…)

모든 나쁜 것에도 어쩌면

좋은 것도 있을 테니까

이것이 입장의 문제이기 때문에
그런데 도대체 누구를 믿어야 해?

다른 집에서도 단지
물만 넣고 끓이니까

나는 그 일을 되도록
적임자에게만 맡길 테니까

이것이 누군가에게 어떤 피해를 줄지
아무도 모르니까

애써도 소용이 없으니까
모든 것이 전혀 가치가 없으니까
(…)

입장을 표명하고, 일에 간섭하고, 아니라고 말하고, 사람들이
탐탁지 않아 하는 의견을 내야 할 자리라면 한 번쯤은 이와 유

사하게 생각해봤을 것이다. 누군가 우리가 반대했어야만 했던 구호를 외쳤을 때. 누군가 도움을 필요로 했는데도 위험이 너무나 커서 모른 척했을 때. 이럴 때 우리는 "내가 영웅이 되려고 태어난 것도 아닌데"라고 말하며 양심의 가책을 느끼는 스스로를 위로한다. 하지만 기분이 꺼림칙한 것은 사실이다.

용기와 고집은 '위대한 전체'나 폭력과 공격성을 제압할 때 특히 더 필요하다. 하지만 물결을 거슬러 헤엄칠 때, 다른 사람이 내가 세운 기준과 가치, 규칙에 상처를 입힐 때, 사물을 보는 관점이 다른 사람과 차이날 때, 자신의 관심사를 다른 사람이 무시할 때도 꼭 필요하다. 아무것도 잃을 것이 없고, 오히려 득될 것만 있는 전혀 위험하지 않은 상황에서조차 우리는 자신에게 유리하게 말하는 데 주저하는 경우가 많다. 머릿속에서는 '그냥 내버려둬, 말하지 마' '중요하지 않아' '싸움을 벌일 만큼 큰일도 아닌데' '지금 그걸 말하면 주말 내내 분위기가 안 좋을 거야' '지금 불평을 토로했다가는 그 동료가 나와 말도 하지 않을 거야. 그러면 상황이 더 심각해져'라는 생각이 시끌시끌하다.

일상생활에서도 내가 무슨 생각을 하고, 어떻게 느끼며, 내가 정말 누구인지를 알릴 용기를 내지 못할 때가 많다. 평소 늘 다른 사람에게 맞추고는 자신을 그대로 인정하지 않으려는 두꺼운 보호벽을 세우고 '진실한 나'를 숨긴다. 철학자 마티아스 융은

자기화해

"나를 내세울 수 있는 용기, 전체에 맞서서 본인의 위치를 지키려는 용기는 불편하다"고 말한다.

"심지어 연인관계에서도 싸움으로 번질 만한 갈등의 기류가 불어올까 겁을 내고 '입의 지퍼'를 잠글 때가 많습니다."

우리는 큰일이든 작은 일이든 스스로에게 비겁해질 때가 많다. 결정적인 순간에 말을 안 하고 꾹 참을 때도 많고, 모든 것을 망칠 수 있다고 걱정할 때도 많고, 잘못하고 싶지 않은 마음에 침묵할 때 역시 많다. 가능하면 절대 다른 사람의 화를 돋우지 않으려 하고, 쓸데없는 행동으로 남의 심기를 불편하게 만들지 않으려 하고, 괜히 다른 사람을 괴롭히지 않으려 한다. 하지만 이렇게 뒤로 물러서는 태도는 남의 마음을 편하게 할지는 몰라도, 정작 자신의 마음은 불편하게 만든다. 입장을 표명해야만 하는 상황에서 자기 생각에 확신을 갖지 못하고, 스스로를 창피해하고, 급기야 비난하기도 한다. 그러면서 다음에 다시 이런 기회가 온다면 그때는 다르게, 좀더 용기 있게 행동하리라 결심한다('그때는 내가 어떻게 생각하는지를 사장에게 말할 거야' '그때는 성가시게 하는 동료에게 꼭 따져야지' '그때는 더 이상 이렇게 살고 싶지 않다고 연인에게 말할 거야'). 하지만 다음번에도 모든 것은 똑같다.

우리는 왜 지나칠 정도로 조심하는 걸까

도대체 우리는 왜 지나칠 정도로 조심하는 걸까? 때로는 비겁해지기까지 하는 이유가 뭘까? 소피 숄처럼 목숨을 내놓을 만큼 용감하게 행동하는 사람도 있는 반면에 말이다. 왜 어떤 사람은 부정과 권위, 잘못된 관계와 부당한 요구에 반발할 용기가 있을까? 이런 사람은 반항능력을 타고난 걸까? 분명 그렇진 않을 것이다. 그보다는 교육의 역할이 굉장히 중요하다. 앞에서 살펴보았듯이 이전 세대들은 대부분 순종과 규율을 높게 평가하는 부모 아래서 성장했다. 구속적인 분위기에서 독립적인 사고와 용기 있는 행동은 거의 발전하지 못했다. 아이가 엄격한 규칙과 계명에 복종하지 않으려면 굉장히 강한 의지가 필요했다. 물론 예외도 있었다. 용기를 북돋우는 자유로운 교육이 어려서부터 스스로 생각하는 법을 배우도록 매우 중요한 무기를 선사한 경우다.

소피 숄의 전기를 쓴 바르바라 보이스Barbara Beuys에 의하면 숄은 어린 시절 조용하고, 수줍음이 많으며, 몇 시간씩 인형과 놀고, 학교도 좋아했다. 하지만 몇몇 일화를 자세히 살펴보면 숄이 수줍음을 많이 타긴 했어도 건전한 자신감에 찬 아이였다는 사실을 알 수 있다. 숄이 열 살이었을 때 자신에 대해 이렇게 말했던 적이 있다.

"나는 제일 착한 아이가 되고 싶지 않을뿐더러 제일 예쁜 아이는 더더욱 되기 싫다. 하지만 그래도 나는 여전히 가장 똑똑한 아이다."

숄은 원만한 관계를 위해 상대에게 자신을 맞추는 일에 크게 신경 쓰지 않았다. 한번은 한 살 위의 언니 리슬이 성적이 안 좋아서 교실의 끝에 혼자 떨어져 앉아야 하는 일이 있었다. 숄은 선생님에게 대들었다. "오늘은 언니 생일이에요. 그런데 이런 벌을 주시다니 저 같으면 그러지 않았을 거예요." 숄은 리슬을 원래 자리로 데려갔고, 선생님은 그녀의 행동에 수긍했다.

소피 숄은 소극적인 성격임에도 자신감에 찬, 자립적인 사람으로 성장했다. 어떻게 이런 일이 가능했을까? 소피 숄은 선천적으로 용감함을 타고났을까? 그럴 리는 없다. 대신 숄은 토론을 좋아하는 관용적인 분위기의 가정에서 자랐다. 집에서는 어른 아이 할 것 없이 누가 무슨 말을 하든 다 받아들여졌다. 특히 아버지가 훌륭한 본보기였다. 그는 "생각은 자유로워"라는 말을 자주 했고, 실제로 아이들이 지시를 비판 없이 받아들이지 않는 자세를 옹호했다. 교육학자 쿠르트 징어는 소피 숄의 아버지가 "아이들의 정신적·신체적인 움직임에 세심한 주의를 기울였다"고 설명한다. 징어는 용감한 사람과 겁쟁이를 구분하는 요소가 무엇인지에 관한 연구를 위해 수많은 사람과 심층심리학적인 대화를 나누었다. 무엇보다 그는 용감한 태도를 발전시키는 데 유년기가 어떤 역할을 하는지에 관심이 많았다. 그는 눈에 띄게 독자적으로 생각하고 행동하는 성인 가운데 많은 사람이 어린 시절 이에 상응하는 경험을 해왔다는 사실을 확인했다.

"이 사람들은 독자적으로 행동하고 무엇인가를 시도해보도록 장려받았고, 이 과정에서 얼마든지 실수를 해도 무방했습니다. 이것을 통해 스스로 확신을 가질 수 있었습니다. 이들은 즉흥적인 활동을 위한 공간과 자극을 제공받았습니다. 이들의 부모는 아이가 던지는 호기심 어린 질문과 생각과 의견을 인정했습니다. 아이는 이를 통해 '엄마 아빠가 내 말을 들어주는구나. 내 말이 진지하게 받아들여지는구나'라는 것을 경험합니다."

정치학자 게르트 마이어Gerd Meyer와 교육학자 지그프리트 프레히Siegfried Frech 역시 독자적인 사고와 행동이 발전하려면 부모의 역할이 결정적인 영향을 미친다고 강조한다. 마이어와 프레히는 한 인간이 삶에서 일어나는 일에 견해를 부여할 수 있으려면 유년기에 이미 다음과 같은 전제조건이 갖추어져야 한다고 주장했다.

첫째, 부모는 아이를 진지하게 대해야 한다. 둘째, 아이는 자유롭게 의견을 내고, 비판도 허용되어야 한다. 셋째, 아이가 부당한 것에 반대할 경우 누군가가 지원한다는 것을 경험해야 한다. 넷째, 아이는 부모를 자기중심의 좋은 본보기로 삼을 수 있어야 한다. 다섯째, 부모는 아이가 자립적으로 행동하고, 본인의 생각을 표현하고, "아니요"라고 함으로써 의지를 알릴 수 있도록 해야 한다. 아이가 원하는 것을 무조건 들어줘야 한다는 뜻이 아니라 무엇을 원하는지를 듣고 같이 진지하게 생각해주는 경험만으로도 의미가 있다는 말이다.

소피 숄과 마찬가지로 철학자 카를 야스퍼스도 이런 부모 아래서 자랐다. "저희 아버지는 의도하지는 않으셨겠지만 저희의 본보기셨습니다. 교회나 어떤 객관적 권위와는 상관없이 가장 나쁜 것은 부정직함이었습니다. 이와 더불어 거의 비슷한 정도로 나쁜 것은 무조건적인 복종이었습니다. 이 두 가지는 절대로 해서는 안 되는 일이었습니다. 그래서 아버지는 제 반항에 끝없는 인내심을 보여주셨습니다. 아버지는 제가 반대하면 명령을 내리는 것이 아니라 왜 그것이 부조리한지 이유를 설명해주셨습니다."

이처럼 개방적이고 용기를 북돋우는 분위기에서 자란 아이는 카를 야스퍼스와 소피 숄처럼 순종에 대해 건전한 관계를 발전시킨다. 이들은 어떤 상황에서 순순히 말을 들어야 하며, 그럴 만한 의미가 있는지를 배운다(원래는 다르게 행동하고 싶은 마음이 크더라도). 이들은 어른이 옳을 때가 많다는 것을 건강하게 받아들이고, 어른 말에 따르는 일이 때로는 자신을 위험에서 보호한다는 사실을 인정한다. 이처럼 건전한 사고방식은 자신이 원하는 것을 다른 사람이 인정하고 받아주는 경험을 했을 때에만 가능하다. 어떤 상황과 사건에 대해 의견을 내고, 또 부모가 단지 들어줄 뿐만 아니라 반대 의견까지 인정하는 것을 경험해야 비로소 아이는 정신적으로 더욱 안정적인 사람이 된다.

자립심을 표출함으로써 부모에게 벌을 받거나 애정을 박탈당할지도 모른다는 걱정을 하지 않아도 된다면 아이는 커서도 자신감을 갖고 뜻을 펼칠 용기를 낼 수 있다. 이런 사람은 자신의 이성에 따라 행동하고, 자기 감정을 믿으며, 다른 사람이 원하는 것에 무조건 복종하지 않는다. 어린 시절 "나는 나만의 생각과 의견을 가질 수 있어"라고 배웠다면 이는 훗날 든든한 삶의 토대가 되어 본인만의 원칙에 따라 행동할 수 있게 한다. 그 행동이 다른 사람의 반대에 부딪힐 때가 있더라도 말이다. 에리히 프롬에 따르면, 이런 사람은 자기 그대로의 모습을 지키고, 자신의 생각을 고수하며, '이해하지 못한 것을 그냥 따라 말하는 일을 거부할' 능력을 가진다.

그런데 유년기에 이런 경험을 할 기회가 없었다면 어떻게 해야 할까? 이런 경험을 독려하는 부모가 없었거나 고집스럽고 자립적인 사람으로 발전할 이상적인 조건에서 자라지 못했다면 무엇을 할 수 있을까? 자기중심적인 사람이 되는 것을 포기하고, 어딘가 혹은 누군가에게 자신을 맞추는 순응적인 사람으로 만족해야 할까? 교육학자 쿠르트 징어는 이 질문에 대해 명확한 답을 준다.

"용기를 키우기 위해 자신감은 기본입니다. 하지만 마음속에 원하는 만큼 자신감이 없는 사람은 이것이 생길 때까지 마냥 기다릴 필요가 없습니다. 조금씩 행동하다 보면 두려움을 없앨 수 있습니다. 용기와 자신감은 생각과 말을 통해 자라는 것이 아니라 실제 행동을 통해 커집니다."

자주적인 사람이 되고 싶다면 쿠르트 징어가 말하듯이 '복종 반사작용'의 계략을 알아차리고, 자신이 어떤 상황에서, 또 어떤 사람에게 착한 어린이 역할을 하는지를 파악해야만 한다. 쿠르트 징어는 "어떤 역할을 하는 대신에 진실한 모습 그대로를 유지하고, 상황에 맞추는 대신에 자신을 그대로 인식하며, 다른 사람의 생각을 예상하는 대신에 분명하게 자기 의견을 전달하려고 시도하는 것이 중요하다"고 말한다.

절대 도망치지 않는 서커스단 코끼리의 비밀

옛날 어느 서커스단에 아주 커다랗고 힘센 코끼리 한 마리가 있었다. 코끼리가 무대에 올라 공연할 때면 서커스 단원이 그를 작은 말뚝에 묶어놓았다. 그러나 이것은 상징적인 행위에 지나지 않았다. 힘이 넘치는 코끼리는 마음만 먹으면 얼마든지 말뚝을 단번에 뽑을 수 있기 때문이다. 하지만 코끼리는 말뚝을 뽑지 않았다. 그는 도망가는 대신 얌전하고 침착하게 자기 자리에 머물렀다. 쇠사슬에 저항하지도 않고, 도망가려고 하지도 않았으며, 불안해하는 기색도 없었다. 코끼리는 대들지 않고 묵묵히 자신의 운명을 받아들였다. 왜일까? 길들여졌기 때문일까?

온순한 코끼리 이야기를 소개한 아르헨티나의 의사이자 심리학자 호르헤 부카이는 이 동물이 순종하는 진짜 이유를 알고 있었다. "코끼리는 어렸을 때부터 말뚝에 묶여 있었기 때문에 도망치지 않습니다." 어린 코끼리에게 말뚝은 넘을 수 없는 장애물이었다. 어린 동물은 쇠사슬에서 헤어나오려 해도 아무 소용이 없다는 것을 배웠다. 시간이 흐르자 결국 도망치려는 시도를 그만두고 자신의 운명을 받아들였다. 말뚝과 쇠사슬을 벗어나기에는 자신이 너무 약하고 작다고 굳게 믿어버렸다. 코끼리는 점점 커지고 강해졌을 때에도, 자신이 정말 강한지를 다시 시험하지 않았다.

코끼리는 무대의 안팎에서 사람들이 자신에게 기대하는 것이 무엇인지 알았고, 그대로 자신의 의무를 행했다. 하지만 이제 자기가 몸이 커지고 힘이 세진 사실은 알지 못했기에 자신에게 쇠사슬에서 벗어날 능력이 있다는 것은 깨닫지 못했다. 서커스단에 있는 몇 년 동안 그에게 힘을 시험해보라고 장려한 사람은 아무도 없었다. 어린 시절 '쇠사슬에 묶여서' 제한과 계명, 금지가 만연한 분위기에서 자란 사람의 경우도 비슷하다. 이들도 일찍부터 사람들이 자기에게 무엇을 기대하는지를 터득하고, 무엇이 옳고 그른지 남에게 맞추어 판단하는 법을 배우고는 코끼리처럼 사람들이 가르쳐준 것을 그대로 해 보였을 때만 박수를 받는다. 자기가 무엇을 더 할 수 있는지, 자기가 본래 어떤 사람인지, 무엇을 원하고 무슨 생각을 하는지에는 관심을 두지 않는다. 본인의 가치와 기준의 결여 속에서 다른 사람의 기준에 맞추어 자신을 평가하고, 다른 사람이 정해놓은 것에 자신을 맞추려 애쓴다. 하지만 이것은 본인의 욕구와 능력, 바람으로 향하는 통로를 가로막을 뿐이다. 따라서 '나는 누구이고, 내가 진정 원하는 것은 무엇인가?'라는 질문에 답하는 일에는 늘 어려움이 따른다. 자신감과 자존감 역시 다른 사람이 자신을 어떻게 생각하느냐에 따라 매번 달라진다. 호르헤 부카이는 말한다.

"우리는 많은 것을 하지 못한다고 믿습니다. 아주 예전에, 그러니까 우리가 아직 어렸을 때 무엇인가를 딱 한 번 시도했다가 실패했기 때문이죠. 그리고 우리의 기억 속에 '나는 해낼 수 없다. 다시는 해낼 수 없다'라고 메시지를 새겨놓습니다. 우리는 코끼리와 똑같습니다."

이 이야기는 어린 시절 받았던 부모의 압박과 기대로 인해 자신이 원하는 것을 포기하고 갈등을 회피하려고만 하면 값비싼 대가를 치른다는 사실을 보여준다. 참됨과 고유성을 잃고, 자기중심 역시 잃어버린다. 순종과 순응은 애정과 인정으로 보상받고, 자립성과 불복종은 벌을 받는다는 것을 어렸을 때부터 체험하면 "착하게 굴어라! 양보해라! 노력해라! 다른 사람의 맘에 들게 행동해라! 성공해라! 조용히 입 다물어라! 네가 원하는 것은 중요하지 않아! 성가시게 일을 만들지 마라!"라는 가르침을 마음에 새기게 된다. 결국 이런 가르침을 따르려고 노력하면서, 그 의미에 의구심을 품지 않는다. 우리는 서커스 무대를 빙빙 돌며 반응이 좋으면 기뻐한다. 하지만 공연이 끝난 뒤에는 힘이 다 빠진 채 피곤과 절망감을 느끼며 용기 없는 자신의 모습에 실망한다. 발에 묶인 사슬을 보며 도망가고 싶다는 생각이 떠오를 때마다 스스로에게 "자신이 없어" 혹은 "나는 너무 나약해, 그럴 용기를 못 내" 아니면 "나는 해낼 수 없어" "그 일을 해낼 만큼 실력이 좋지 않아"와 같은 말을 한다. 이 생각이 맞는지, 이 믿음이 진짜 옳은지는 살피지도 않으면서 말이다.

하지만 이렇게 자신에게 속삭이는 것에는 자기충족적 예언과 같은 효과가 있다. 이런 생각은 어린 시절에 얻은 확신을 더 굳

자기화해

건하게 하여, 실제의 나를 알고 새로운 자신을 찾아가는 경험을 방해한다. 삶을 바꾸어 좀더 자주적이고 독립적인 존재가 되고 싶다면 가장 먼저 해야 할 일은 다음과 같은 사실을 깨닫는 것이다. '오래전부터 나는 더 이상 커다란 말뚝에 사슬로 묶여 있지 않았다. 그리고 그 당시에 나를 막고 있던 한계는 아이의 눈으로 보아서 훨씬 크게 보였을 뿐이다. 이제 나는 어른이 되었기에 아이였을 때보다 훨씬 더 힘도 세졌다. 그러니 고집스럽게 자신의 길을 헤치고 나아갈 가능성도 커졌다.' 이를 위해서는 수년 전에 자신에 대해 배웠던 모든것과 다른 사람이 말했던 모든 것을 곧이곧대로 믿는 일을 중단해야 한다. 에리히 프롬은 『불복종에 관하여』라는 책에서 자기중심을 찾기 위한 용기는 한 사람의 발전 상태에 의해 좌우된다고 했다.

"엄마의 무릎과 아버지의 계명에서 해방되고 또 개인으로서 완전히 성장하여 독립적으로 사고하고 느낄 수 있는 능력을 갖춘 사람만이 권력을 향해 '아니다'라고 말하고 복종하지 않을 용기를 낼 수 있다."

좀더 자기중심적이기를 원한다면 첫 번째 중요한 절차를 반드시 짚고 넘어가야 한다. 즉 자신이 어떤 경험을 했는지, 이런 경험이 나를 존중하고 신뢰하는 일을 어떤 식으로 방해했는지 알아봐야 한다. 왜 나는 용감하지 못할까? 왜 스스로의 관심에 반하는 행동을 할 때가 많을까? 입을 열고 말을 해야 할 순간에 침묵하는 이유는 뭘까? 어렸을 때 일상에서 경험한 복종과 불복종이 어떤 역할을 했나? 내 견해와 관련해서 어떤 경험을 했나? 어렸을 때 나는 어떤 것을 반대할 수 있었나? 부모님 말씀에 반대하면 어떤 반응을 보이셨나? 나는 스스로 생각할 수 있었고, 부모님은 이런 나의 생각에 귀 기울이고 진지하게 받아들였나? 혹은 내가 착한 아이처럼 행동하지 않으면 벌을 받았나? 사람들이 나에게 기대한 것을 하지 않았을 때 내 기분은 어땠나? 죄책감이 들거나 화가 났었나? 아니면 부모님이 다시 예뻐해주기를 바라면서 모든 일을 했나?

모든 질문에 대답하는 일은 간단하지 않다. 어쩌면 전문가의 도움이 필요할지도 모른다. 하지만 유년 시절 어떤 족쇄가 발목을 잡고 있었는지 파악하고, 자립성과 고집을 내세우기 어려운 환경에서 자랐는지의 여부가 분명해지면 다음 단계로 넘어가 서서히 족쇄를 풀 수 있다. 그러면 어렸을 때부터 나를 따라다닌 내면의 목소리("잘난 척하지 마. 네가 중요한 사람인 것마냥 굴지 마")를 잠잠하게 만들 수 있다. 그리고 이런 목소리가 자신을 어떻게 조종했는지 깨닫게 된다. 심지어 "입 다물어, 안 그러면 혼날 줄 알아" 또는 "누가 네 의견 따위 듣고 싶다고 했어?"처럼 찍소리도 못 하게 협박했다는 사실도 알게 된다. 그 순간 비로소 이에 저항하고 이 말들이 과연 사실인지 파헤칠 수 있게 된다. '과연 이 소리가 정당한가? 내가 정말 어떤 사람인지 이들이 판단할 수 있을까? 우리는 이미 오래전에 완전히 다른 경험을 하지 않았나?'

어렸을 때 어떤 영향을 받았는지 이해하면 커서 이에 대처할 수 있다. 어렸을 때와는 달리 목소리가 하는 말을 믿지 않아도 된다. 그 대신 '불복종'에 기회를 줄 수 있다. 에리히 프롬이 이야기했던 그 불복종에게 말이다. 프롬은 불복종이란 '긍정의 행동'이라고 말했다. 우리가 본인의 판단과 확신을 따르면 스스로에게 '그렇다'라고 대답하기 때문이다. '나는 내 행동 반경을 넓힐 수 있으며, 더 나아가 우스꽝스러운 사슬도 벗을 수 있어'라는 중요한 깨달음을 거부한 코끼리처럼 무지 속에 머물러서는 안 된다. 연관성을 알아차렸다면 과거와 거리를 두고, 자신이 무엇을 생각하고 느끼는지, 내가 정말 누구인지를 볼 수 있도록 점점 용기를 낼 수 있다.

2장

오직 나에게만 친절할 것!
'자기화해 프로젝트'

'있는 그대로의 나'로
살기 위한 준비

이제 당신이 얼마나 스스로를 존중하는지 가늠할 수 있는가? 혹시 나는 내 뜻대로 결정한, 진정한 삶을 살고 있다고 주장할 수 있는가? 그렇다면 문제없다. 정말 그렇다면 이 책을 더 읽을 필요도 없다. 하지만 예상하건대 테스트 결과는 분명 다를 것이다. 어쩌면 다음과 같은 사실을 깨달았을 수도 있다.

'어린 시절부터 내 생각이나 의견을 내세우지 못하고 감추어야 했다.' '자기중심을 찾는 방법을 배우지 못하고 순종해야만 했다.' '지금도 여전히 상황에 나를 맞추고, 누군가의 말을 따르는 경우가 많다.' '할 말이 있어도 침묵하곤 한다.' '잘못된 배려나 적절하지 못한 겸손함, 아니면 친절하려는 마음에 내가 생각하고 느끼는 바를 다른 사람에게 전하지 않는다.' '나 자신과 내 가치를 인정해야 할 때 쉽사리 용기를 내지 못한다.'

이 모두에 해당한다고 답한 사람은 자기중심적이지 못한 태도가 가져오는 결과를 알아야만 한다. 아직 스스로를 믿지 못하고 자기 자신에게 배려를 베풀지도 못할 가능성이 높기 때문이다. '자기중심의 부족'과 '삶에서 벌어지는 문제' 사이의 연관성을 알아차려야만 비로소 확신을 갖고 '자기화해 프로젝트'에 착수할 수 있다. 자기중심이 부족한 성향은 삶의 많은 부분에 영향을 미친다. 하지만 대부분은 지금 마주해서 싸워야만 하는 문제가 부족한 자기중심에서 발생한 것이라는 사실을 미처 깨닫지 못한다. 그렇기에 스스로의 삶을 제대로 살펴보고 진짜 원인을 파악해야 한다. 자기를 중심에 두지 못하면 다음과 같은 감정을 느낄 수밖에 없다.

- 남이 나를 이용한다는 생각이 자주 든다.
- 내 뜻을 좀처럼 밀고 나가지 못한다.
- 다른 사람이 내 권리를 인정해주지 않는다고 느끼는 경우가 많다.
- 항상 시간에 쫓기는 기분이 든다.

- 늘 스트레스를 받는다.
- 공허한 데다 힘이 다 빠져나간 기분이 들곤 한다.
- 내가 충분히 훌륭하다고 생각되지 않는다.
- 내 삶을 살고 있지 못하다는 생각이 든다.

뒤에서는 이런 문제들을 하나씩 자세히 살펴보며 '자기화해의 원칙'에 따른 해결 방안을 제시하겠다.

'다들 필요할 때만 나를 찾는 것 같아',
더 이상 모두의 '달링'이 되지 않기

"사람들은 모두 자기만 생각해. 가끔씩 기분전환도 할 겸 다른 사람도 생각한다면 이 세상은 더 살기 좋은 곳이 될 거야."

"사람들이 다른 누구를 생각해야 된다는 거야?"

"나를 생각해야지! 모두 다 나에게 좀더 신경 써야 한다고!"

'캘빈'과 '홉스'가 나눈 대화다. 미국 만화작가 빌 워터슨이 탄생시킨 조숙한 소년과 그의 마음씨 좋은 호랑이 친구는 근본적이면서 유머러스하게 인생에 대해 사색한다. 워터슨은 만화를 통해 친근한 방식으로 독자들이 자신의 모습을 비추어보게 했다. 누구나 이런 생각을 한 번쯤은 해봤을 것이다. '쳇, 다른 사

자기화해

람들은 왜 이리 이기적인 거야? 한 번쯤은 내 생각을 해줄 수도 있을 텐데 말이야!'

우리가 캘빈의 자기중심주의에 대해 웃는 것은 속마음을 들켰기 때문일 수도 있다. 우리는 '모두 좀더 나를 생각해줘' 같은 요구를 절대 입 밖으로 꺼내진 못하겠지만, 다른 사람이 나에게 좀더 깊은 관심을 보이고 배려 있게 대해주기를 당연히 원한다. 작은 캘빈처럼 우리도 사람들이 자기만 우선시하지 않으면 세상이 더 살기 좋아지리라, 특히 개개인의 삶이 훨씬 수월하고 행복해지리라 믿는다. 하지만 안타깝게도 현실은 다르다. 내가 원하는 것은 자주 무시당하고, 바라는 것은 관심을 끌지 못하는 경우가 훨씬 많다. 나에게는 많은 것을 기대하면서 정작 자기가 먼저 무언가를 주려는 자세는 갖추지 못한 사람도 자주 만난다. 그렇게 '내가 타인을 인정하고 관심을 기울이는 것'과 '다른 사람이 나를 인정하고 관심을 기울이는 것' 사이에 불균형이 존재한다는 사실을 깨닫는다. 다음에 소개하는 사례 중 하나쯤은 당신이 살면서 겪었던 경험과 유사할 것이다.

- 늘 다른 사람에게 큰 관심을 두기 때문에 당신은 상대가 어떻게 사는지 자세히 알고 있다. "어떻게 지내?"라고 진지하게 묻는 당신의 질문에 대부분은 시시콜콜 대답을 늘

어놓는다. 그들이 건강 문제, 가족 문제, 혹은 아이 문제를 털어놓으면 당연히 귀 기울여 듣는다. 하지만 반대로 당신이 고민을 이야기할 땐 다른 사람이 인내심을 갖고 들어주는 일이 드물다. "어떻게 지내?"라는 질문도 그냥 형식적 인사에 지나지 않을 때가 많다. 상대는 진실한 답을 들으려는 것이 아니며, 당신이 정말로 그 질문에 진지하게 답하기를 원하지 않을 때도 많다.

- 친구들과 유쾌한 저녁 시간을 보낸 후에 진이 빠지고 기분이 가라앉은 채 집으로 돌아와, 오늘 만난 사람들이 진정한 친구인지 곰곰이 생각해보곤 한다. 모임에 온 사람들은 하나같이 자기 자신에게만 관심을 보이며 자기 이야기만 하기 바빴기 때문이다. 이들은 멋진 휴가와 여가 시간에 즐긴 모험을 자랑했고, 흥미로운 친구와 친척, 지인(나는 거의 알지 못하거나 아예 모르는 사람)에 대한 이야기를 늘어놓았다. 이런 모임이 끝나면 내가 마치 다른 사람의 이야기와 성공담, 관심사를 위한 장식품이 된 듯한 인상만 남는다.

- 직장에서도 상황이 비슷하다. 다른 사람이 나보다 목표를

더 잘 달성하고, 일은 조금 하면서 더 많이 인정받는 것 같다. 이런 상황을 마주하면 화가 난다. 가끔은 내 능력을 제대로 인정받지 못한 채 이용당하고 있다는 생각마저 든다. 그럼에도 성과를 올리는 일은 당연히 포기하지 않는다. 나에게 맡겨진 일은 반드시 잘해내야 한다는 의무감에 달리 행동할 수도 없다. 하지만 그만큼의 가치를 인정받지 못하고, 이용당한다고 느끼기 때문에 일하면서도 마음이 다른 곳에 가 있기 일쑤다.

이로 인한 장기적 결과는 치명적이다. 마음속으로 퇴사를 준비하면서도 계속 과도한 업무에 시달리다 보면 심리적으로, 그리고 신체적으로 고통을 느끼게 되고 결국에는 심신이 모두 무너질 수 있다. 오랜 기간에 걸쳐 적절한 대우를 받지 못한 채 무시당한다고 느낄 경우, 스트레스성 질환과 번아웃 증상이 나타나곤 한다.

• 가장 친한 친구와 몇 달째 만나지 못하다가 마침내 어느 주말 함께 시간을 보내기로 해서 기분이 들떠 있다. 그런데 약속 전날 저녁 친구가 전화해서 딸아이를 데리고 와도 되는지 묻는다. 뜻밖의 요청에 당황스럽고 실망스럽지만 "그럼, 괜찮아. 상관없어"라고 말한다.

- 주말에도 근무해야 하는 직장이기에, 당신은 군말하지 않고 맡은 일을 확실히 처리한다. 하지만 동료 하나는 자신이 왜 주말에 일할 수 없는지에 대해 매번 그럴싸한 이유를 대면서 대체근무를 해줄 수 있는지 물어오곤 한다. 당신 역시 굉장히 피곤하기에 내키지 않지만 동료가 부탁할 때마다 "알겠다"고 대답한다.

- 연인관계와 가족관계에서 일방통행식 감정이 계속 스멀스멀 피어오른다. '나는 항상 다른 사람과 다른 모든 것을 위해 존재한다'는 느낌을 떨칠 수 없다. 당신은 지친 가족 구성원을 위한 충전소이자 보급소이며, 다른 사람이 근심과 분노를 털어놓을 수 있는 통곡의 벽이다. 배우자와 자녀, 연로한 부모에게는 사제이자 카운슬러 역할까지 도맡고 있다. 당신은 늘 도움이 필요한 곳이 어디인지 곧바로 알아차리고, 세심하게 살펴본다. 그러다 문득 억울해진다. '그런데 나는 누가 돌봐주지? 내가 힘을 충전하고 휴식을 취할 곳은 어디지? 누가 나의 이야기에 귀를 기울이지? 내가 옳다고 어디에서 인정받을 수 있을까? 나의 근심과 어려움에 관심을 보이는 사람은 대체 어디에 있어?' 이런 생각이 머릿속을 꽉 채우면 남들이 필요할 때만 나를 찾는다

자기화해

는 생각이 들고, 이로 인해 항상 불이익을 본다는 확신이 생기기 시작한다. 다른 사람이 나를 진정으로 사랑하는지, 그저 이용만 하는 것은 아닌지 의구심이 든다.

이와 같은 상황이 어쩌다가 생기는 것이 아니라 자주 벌어지는가? 누군가 무언가를 부탁하거나 요구하면 자동적으로 긍정적인 대답이 나오곤 하는가? 부탁을 들어주고 싶은지, 거절하고 싶은지에 대해 고려조차 하지 않고 답하는 경우가 많은가? 상대의 무리한 요구나 태도가 마음에 들지 않고 '아니, 미안하지만 안 돼. 안 할 거야. 네가 원하는 걸 다 해주긴 싫어. 너는 나에게 관심이 전혀 없는 것 같은데, 왜 나만 너와 네 성공에 관심을 가져야 하지?'라는 생각이 들지만 입 밖으로 내진 못하는 경우가 허다한가?

자기중심이 없으면 자신이 원하는 것을 다른 사람이 원하는 것 다음으로 놓는 경우가 자주 생긴다. 이렇게 하다 보면 다른 사람에게, 그리고 그들이 원하고 요구하거나 부당하게 기대하는 것에 선을 긋는 일이 어려워진다. 정신분석학자 카렌 호나이는 양보를 너무 잘하고 과하게 친절한 사람은 '다른 사람을 대하는 모습'을 보면 알아차릴 수 있다고 설명한다. 이들은 항상 다른 사람이 생각하고 바라는 것이 무엇인지를 알아내는 데 관심이 많다. 또한 이런 일을 너무나 훌륭히 잘해내서 다른 사람이 무엇을 원하는지 눈빛만 봐도 알아차릴 수 있다. 이들은 결코 냉정하게 거절하는 법이 없다. 늘 다른 사람을 지지하고 도울 뿐 아니라 남이 나를 필요로 하는 곳에서 스스로 대기하고 있다. 이런 사람과 싸우고 갈등을 일으키기란 거의 불가능하다. 항상 먼저 양보함으로써 불편한 상황을 원천적으로 막기 때문이다.

호나이는 자기중심성이 약한 사람의 또 다른 특징으로 "자신과 다른 사람의 정신적 일치를 도모하고, 공동의 관심사를 지나치게 높이 평가하고, 서로 차이가 나는 요소를 간과하려는 성향이 있다"고 설명한다. 다르게 표현하자면, 이들은 스스로 무엇을 원하는지 모를 때가 많고, 따라서 다른 사람이 원하는 것을 자신이 바라는 것이라고 대체한다. 당연히 자율성과 자립성을 발전시키고 이를 중요한 자산으로 쌓아가는 기회도 갖지 못한다. 다른 사람의 의지가 본인의 생각보다 더 중요하다고 여기는 사람은, 다른 사람의 바람을 자신의 소망과 동일시하곤 한다.

지나치게 친절한 사람은 다른 사람의 의견을 기꺼이 따른다. 요컨대 어떤 영화를 보고 싶은지, 어느 식당에 가고 싶은지 질문하면 거의 항상 "너는 어떤 게 좋아?"라고 되묻는다. 호나이는 이런 사람들에게서 다른 사람을 자신보다 더 똑똑하고 매력적이라고 여기는 성향을 관찰할 수 있었다. 이러한 자기의심은 자신보다 훨씬 더 중요한 다른 사람이 자기에게 관심을 보이고, 자신을 인정했을 때에만 살짝 약해지고 통제 가능해진다. 다시 말해서 스스로에 대한 자부심이 다른 사람의 인정이나 거부에 따라 오르락내리락하는 것이다. 그래서 자신에 대해 의문이나 의심을 지닌 사람은 자신의 관심사를 고집스럽게 내세우지 못한다. 그렇게 하면 다른 사람의 '총애'를 잃을 위험이 너무 크기 때문이다.

다른 사람 탓을 할 순 있다, 다만 이렇게 해서 얻는 게 있을까

친절의 함정에 빠진 자신을 발견했다면, 자신이 이용당하고 있는 건 아닌지 의심스럽다면, 먼저 다른 사람이 어떻게 행동하는지를 살펴봐야 한다. 이때 앞에 나온 캘빈과 함께 '사람들은 너무 자기만 생각해. 자기가 말하는 것을 듣기 좋아하고, 자기 문제에서 눈을 떼지 못하고, 감정적으로 궁핍하고, 나에게서 에너지를 빨아들여. 다른 사람들은 항상 자신의 소원, 의견, 아이디어를 잘 전달해. 나를 위한 자리는 어디에도 없어. 내가 그들이 바라는 기능을 해줄 때만 나는 간신히 그들의 삶에 등장해'라고 생각할 수 있다.

물론 이 생각이 맞을 수도 있다. 하지만 아무리 그래도 주변 사람들을 실망스러운 모습으로만 묘사하는 게 도움이 될까? 이렇게 해서 무슨 결과를 얻을 수 있으며, 어떤 효과를 낼 수 있을까? 이렇게 함으로써 좋아지는 게 있을까? 분명 대부분은 아무것도 없을 것이다. 당신이 무엇 때문에 만족하지 못하는지 주변에 알리지 않기 때문이다. 가끔 감정이 폭발할 때도 있지만 그 뒤에는 굳이 감정을 드러냈어야 하나 창피해하고, 다시 '친절한 모습'으로 돌아가려고 노력한다. 다른 사람을 실망시키거나 화나게 할 마음에 그런 것이 아니기 때문이다. 결국 더 존중받고 싶다는 바람도 이루지 못하고, 정당한 관심과 인정도 받지 못하는 것은 매한가지다.

희망을 품고 새로운 사람을 사귀어도 머지않아 다 똑같다는 사실만 깨달을 뿐이다. 뒤로 물러서거나 도움을 줄 때만 마침내 남들의 시선을 받는다는 생각이 다시금 찾아온다. 결국 '도대체 내게 진정으로 관심을 기울이는 사람이 있기는 할까?'라는 질문에 늘 부정적으로 답할 수밖에 없다. 이유가 무엇일까? 다른 사람이 나를 소홀하게 대하고 자기가 필요할 때만 찾는다는 생각을 떨쳐버릴 수 없는 이유는, 정말 그들이 이기적이고 계산적이기 때문일까? "사람들은 다 자기만 생각한다"는 캘빈의 말이 맞는 걸까? 아니면 혹시 다른 사람의 탓이 아닐 수도 있을까? 내가 문제의 원인일까?

지금 화가 치솟는 것이 느껴진다면, 충분히 그럴 만하다. 어떻게든 상황을 개선해보려고 지금껏 노력해왔는데, 이제 와서 그 책임이 내게 있을지도 모른다고? 나를 희생하면서까지 남을 위해 힘쓰고 그들의 일을 기꺼이 도왔는데, 내게 돌아오는 것은 너무 적고 작았던 이유가 결국 내 탓이라고? 그리 유쾌하게 들리진 않겠지만, 현재 상황에서 무언가를 근본적으로 변화시키고, 자기 자신과 다른 사람을 좀더 편한 마음으로 보고 싶다면, 관점을 바꾸어볼 필요가 있다. 이기적인 사람들에게서 시선을 돌려 자기 자신을 바라보자. 다른 사람이 나를 좀더 존중하고 배려하기를 원한다면, 지금 일어나는 모든 일에 대해 내가 어떤 영향을 끼쳤는지 점검해야 한다. 사람들이 나를 어떻게 대하는지는 결국 내 손에 달렸다. 일단 스스로에게 다음과 같은 질문을 던져보자.

- 당신 말에 다른 사람이 귀를 기울이지 않는 것은 어쩌면 경청할 상황을 만들지 못해서가 아닐까? 혹시 자기에 대한 이야기를 털어놓기를 주저하고 말을 너무 적게 하지는 않았는가?
- 다른 사람이 당신에게 근심을 전부 털어놓는 것은 그렇게 하도록 내버려두어서가 아닐까? 요컨대, 너무 상냥하게 관

심을 기울이며 걱정에 가득한 질문을 던지면서 말이다.

- 직장에서 항상 늦게까지 일에 매달리는 것이 선을 긋는 법을 몰라서는 아닐까?
- 다른 사람을 항상 돌보는 이유가 혹시 '안 돼'라는 말을 너무 안 쓰기 때문은 아닐까?
- 다른 사람이 자기가 원하는 것을 항상 밀고 나가는 이유가 당신이 그럴 기회를 주어서는 아닐까? 정작 당신이 원하는 것은 명확하게 밖으로 내보이지 않으면서 말이다.
- 다른 사람이 늘 앞서나가는 것은 당신이 괜히 능력을 감추고, 적절하지 못한 겸손함으로 뒤로 빠지기 때문은 아닐까?
- 연인이나 친구, 동료, 상사와 의견이 다를 경우에 말을 하지 않는 편인가? 다른 사람과 계속해서 평화로운 관계를 유지하기 위해서? 이들과 불편해지는 일을 피하고, 갈등이 생기는 것을 원하지 않기 때문에? 아니면 다른 사람이 할 말이 더 많고, 어쩌면 당신보다 사물과 상황을 더 정확하게 파악한다고 믿어서?

인정한다. 마음을 불편하게 만드는 질문이다. 하지만 꼭 필요한 질문이기도 하다. 만약 절반 이상의 질문에 '그렇다'라고 답했다면, 다른 사람이 원하는 대로 '대접받을 수 있도록' 스스로 문을 활짝 열어놓은 셈이다. '나는 겸손하고, 항상 도울 자세가 되어 있고, 친절하고, 관심이 많아요'라는 암시를 계속 보내왔다고 할 수 있다. 그래, 당신은 정말 그런 사람일지도 모른다. 하지만 때로는 완전히 다른 사람이 되고 싶지 않나? 어떤 상황에서는 좀더 적절하게 행동하고, 다시 말해 좀더 진실한 모습을 보이고 싶지 않나? 진정한 나를, 즉 내가 실제로 어떻게 생각하고 느끼는지를 보여주고 싶은 마음은 없나? 항상 남을 위해 시간과 장소를 제공하는 대신에 그것을 나를 위해 쓰고 싶지는 않나?

이런 모습을 그저 꿈꾸기만 하고 실제로 이루기 위해 행동하지 않으면, 중요한 상황에서 곤경에 빠질 수 있다. 당신은 자신의 편이 되지 못하고, 자기 입장을 대변하지도 못하고, 자신을 위해 싸우지도 않는다. 다른 사람에게 모든 것을 맡기고 당신에게 힘을 행사하도록 놔둔다. 해석의 힘, 결정의 힘, 의지의 힘을 말이다. 이런 일은 당연히 당신에게 흔적을 남길 뿐 아니라 정신건강에도 큰 영향을 미친다. 자신이 원하는 것 대신에 계속해서 다른 사람이 기대하는 것을 묻고, 상대를 절대 실망시키려 하지 않는 사람은 "의식적으로 혹은 무의식적으로 다른 사람에 의해 폭력을 당한다. 이에 대해 화를 내지만 자신이 가장 큰 원인을 제공한 사람이라는 사실은 알지 못한다"고 에리히 프롬은 분명히 밝혔다.

왜 그럴까? 어째서 자신에 대해 아무런 배려도 하지 않고 스스로를 홀대할까? 왜 (기꺼이) 자기 권리를 포기할까? 아마도 이기적이고, 자기만 생각하고, 독단적인 사람으로 보이고 싶지 않아서일 것이다. 다른 사람이 나에 대해 나쁘게 생각하지 않기를 간절히 바라기 때문일 것이다. 당신은 어느 누구도 당신을 불친절하고, 제멋대로이고, 건방지고, 배려심은 눈곱만치도 없는 고집불통이라고 평가해서는 안 된다고 생각한다.

그렇다. 당신은 목표를 이룬다. 사람들은 당신이 친절하다고 생각하고는 당신을 신뢰하며 마음을 털어놓는다. 그렇게 당신은 늘 '이기주의자' 혹은 '대하기 힘든 사람'이라는 낙인이 찍히지 않도록 처신할 것이다. 하지만 이때 두 가지 질문이 떠오른다. '이를 통해 정말 많은 것을 얻었을까?' '이런 목표를 이루려면 너무 큰 대가를 치러야 하지 않을까?' 자신에게 정말로 솔직하다면 첫 번째 질문에 대한 답은 '많지 않다'일 것이고, 두 번째 질문에도 '예, 정말 그래요'라고밖에 대답하지 못할 것이다.

모두에게 사랑받을 필요는 없다, 절대로

관계가 깨질지 모른다는 두려움에 본인이 가진 힘을 행사하지 않으려 하고 '부적합한 감정'을 억누르기만 하면 무기력해질 수밖에 없다. 본인의 것을 포기하는 일은 신체적·정신적 건강에 다양하게 영향을 미칠 수도 있는데, 심한 경우 우울증에 걸릴 위험이 증가한다. 심리학자 마틴 셀리그만은 획기적인 연구에서 스스로 어떤 일에 영향력을 행사할 수 없다는 확신과 무력감은 우울증의 바탕이 된다는 결과를 내놓았다. 자기중심성이 너무 없는 사람은 스스로와의 관계를 잃어버리고, 그렇게 되면 삶이 우울로 뒤덮이게 되는 것이다.

미국 학자 리타 슈라이버Rita Schreiber는 다른 사람에게 자신을 맞추려는 태도와 우울증 간의 연관성을 다룬 연구에서 인상 깊은 결과를 내놓았다. 슈라이버는 우울증을 앓는 여성이 양보와 스스로 자초한 무력감으로 얼마나 많이, 그리고 자주 스스로의 입을 막았는지에 대해 전형적인 이야기를 들을 수 있었다.

"어떤 생각이 떠올랐더라도 이로 인해 싸움이 일어날까 두려우면 얼른 다르게 생각해요. 내가 정말 생각하는 것을 포기하는 거죠."

"근본적으로 나는 말과 결정을 하지 못해요. 내 감정과 욕구는 중요하지 않거든요."

"다른 모든 사람이 나보다 더 중요하게 느껴져요. 나는 항상 꼴찌예요. 가족 안에서나 친구 사이에서나, 아니면 직장을 포함한 모든 곳에서요."

"뭐가 옳고 그른지 판단할 수 있는 감각을 잃어버린 것 같아요. 나를 위해 무엇을 해도 되는지, 다른 사람을 위해 어느 정도까지 해야 하는지 잘 모르겠어요."

"부모님과 남편, 그리고 모두를 기쁘게 해주고 싶어요. 다른 사람이 무엇을 원하는지 굉장히 신경을 많이 쓰는 편이에요. 그런데 정작 나 스스로에게는 심하다 싶을 정도로 비판적이고, 많은 것을 요구하죠."

스스로를 돌보지 못하고, 관계의 단절이나 갈등에 대한 두려움으로 자신의 감정과 욕구를 무시하는 일은, 장기간에 걸쳐 건강에 믿을 수 없을 만큼 나쁜 영향을 끼친다. 요컨대 자존감이 약해지고 우울증에 걸릴 위험이 높아진다. 그래서 남에게 친절하려는 마음을 접고 다른 사람이 들을 수 있도록 자기 목소리를 높이는 일이 굉장히 중요하다. 당신이 덜 친절하게 구는 대신에 작지만 스스로를 내세우는 일을 해낸다면, 더 이상 모든 사람을 만족시킬 필요가 없는 상황이 얼마나 마음을 가볍게 만들고 힘을 아껴주는지 바로 경험할 수 있다.

나는 어쩌다 이토록 친절한 사람이 됐을까

생각해보자. 무엇이 당신을 그토록 애타적이고, 겸손하고, 남을 배려하는 사람으로 만들었을까? 당신은 어쩌다 이토록 친절한 사람이 됐을까? 정신분석학자 도널드 W. 위니콧은 어렸을 적 자신의 바람과 욕구가 이루어지는지 아닌지에 중점을 두는 대신에, 가까운 관계에 있는 사람의 욕구를 중시해야만 했던 사람은 '잘못된 자아'가 발전했을 확률이 굉장히 높다고 추측한다. 잘못된 자아를 지닌 사람은 '사람들은 지금 모습 그대로의 나를 사랑하지 않아'라는 경험을 하기 때문에 의존하는 사람들에게 좀더 인정받을 수 있는 행동을 보인다. 다른 사람이 기대하는 일을 하고, 남이 원하는 것에 크게 공감하는 능력을 키우면서, 정작 본인 그대로의 모습으로부터는 점차 멀어진다. 그러다 보면 자신이 어떤 것을 원하는지, 아니 원하는 것이 대체 존재하기는 하는지조차 알 수 없는 시기가 온다. 솔직한 모습으로는 사랑도 관심도 받지 못하기 때문에 진실한 자아는 결국 사라진다.

자아에 대해 잘 알고 있어야만 상대방과 거리를 두고, 내 자아를 다양한 방법으로 차지하려는 이들에 대항할 전제조건을 갖출 수 있다. 진실한 자아는 자아실현에 결코 빠져서는 안 되는 조건이다. 그런데 어떻게 해야 진실한 자아를 찾을 수 있을까? 거부당할지도 모른다는 두려움으로 떨지 않으면서도, 무조건 친절하려는 자아에서 벗어나려면 무엇이 필요할까? 좀더 나를 생각하고 덜 친절하게 행동할 수 있으려면 현재 태도와 이전에 학습했던 것의 연관성을 파악하는 일이 중요하다. 이 과정을 거친 뒤에야 자기중심을 향해 방향을 틀 수 있다.

생각해보자. 당신이 가진 친절함은 어떤 특성을 지녔는가? (예를 들어 남의 이야기를 경청하는 능력, 공감능력, 자신을 중요하게 여기지 않는 특성 등) 언제, 무엇을 통해 이런 특성을 배웠나? 당신의 부모는 친절함에 대해 어떤 견해를 지니고 당신을 키우셨나? 이들의 견해가 오늘날 당신의 행동에 얼마나 큰 영향을 끼쳤나? 가정에서 갈등이 발생한 경우 이를 어떤 식으로 해결하나? 서로의 가치를 존중하고 건설적으로 문제를 해결하는 편인가? 아니면 불편한 갈등 상황을 되도록 회피하려 하고, 없던 일처럼 숨기나? 좀더 고집스럽고 덜 친절한 사람이 되려면 어떤 행동방식을 배워야 할까?

이런 질문에 답을 얻기 위해서는 시간이 좀 필요하다. 어쩌면 당신의 어린 시절 모습을 기억하는 사람에게 도움을 받을 수 있다. 그들이 당신을 어떤 사람으로 파악했는지 이야기를 들어보자. "난 어렸을 때 어땠어요? 활기차고, 고집 세고, 말 안 듣는 힘든 아이였나요? 엄마 아빠는 나를 어떻게 대했어요? 나는 예쁨받고, 얌전하고, 말썽은 한 번도 피우지 않는 아이였나요?"라고 묻다 보면, 왜 지금의 당신이 그토록 착한 사람인지, 왜 삶에서 자기 자신을 중시하지 못하는지를 가르쳐줄 중요한 질문이 계속해서 이어질 것이다. 단언하건대, 다른 사람을 위해 희생하면서 사는 사람의 전형적인 모습이 눈앞에 서 있을 것이다. 당신의 유년 시절은 분명 다음과 유사하게 흘러갔을 것이다.

- 매우 어린 나이부터 어른의 입장에서 상황을 바라보아야 한다고 배웠다.
- 어렸을 때부터 주변 사람을 위로하고, 이들을 돌봐야 했다.
- 다른 사람을 실망시켰을 때 양심의 가책을 느끼고, 처신을 잘해야만 이 일을 무마할 수 있었다.
- 아이였을 때도 어른들은 당신을 이미 다 큰 성인처럼 대하곤 했다.

아마도 당신은 공감하는 법을 빨리 배웠을 것이다. 남에게만 친절한 사람은 자신의 욕구가 낮게 평가되거나 아예 무시당한다는 생각을 하면서 자랐기에 감정과 욕구를 가라앉히는 법을 배웠다. 이들은 문제를 일으키지 않으려고 다른 사람의 일과 문제에 완전히 집중함으로써 자기 것을 전부 접어버리는 일에 익숙하다. 이 과정에서 특히 애정이 결핍됐거나 소홀하게 다루어졌던 아이들은 큰 위험에 노출된다. 매우 이른 시기부터 감정적으로 도움의 손길을 필요로 했던 아빠나 엄마(혹은 두 명 모두)를 돌봐야만 했던 사람 역시 친절하고, 남을 잘 도와주고, 자신은 별로 신경 쓰지 않는 어른이 될 숙명에 처한다.

도움이 필요한 부모는 어린아이에게서 관찰되는 공감능력과 동정심을 무의식적으로 이용한다. 위스콘신대학교의 심리학자 캐럴린 잰-왁슬러와 캐럴 반 홀레Carol Van Hulle는 부모가 다투는 장면을 지켜본 두 살짜리들의 반응을 관찰했다. 대부분의 아기는 매우 흥분한 상태로 싸움을 중단시키려고 했다. 하지만 부모는 아이에게 무슨 일이 일어나는지 눈치채지 못했다. 남편과 다툰 후 울음을 터뜨린 한 엄마는 21개월 된 딸이 다가와 무릎에 앉더니 손에 입을 맞췄다는 이야기를 들려줬다.

"아이가 보여준 이런 행동으로 슬픔이 사라졌어요. 내가 꼭 안아주자 아이가 웃었고 마음이 편해지는 것이 보였습니다."

두 심리학자는 아이들이 예닐곱 살이 됐을 때 같은 실험을 반복해보았다. 이때도 마찬가지로 부모와 아이의 뒤바뀐 역할을 관찰할 수 있었다. 아이들은 놀라울 정도로 성숙하게 말했다. 한 아이는 엄마에게 큰소리를 지른 아빠에게 "진정해요. 조용히 해요. 다 괜찮아질 거예요. 그리고 엄마, 아빠가 원하면 미안하다고 얘기해요"라고 말했다. 잰-왁슬러와 반 홀레는 이런 반응이 아이에게 역효과만 가져오는 조숙한 태도를 반영한다고 해석했다. 원래는 아이에게 보장된 공감능력을 어른을 위해 사용하는 꼴이 된다.

특히 우울한 부모 아래서 자란 아이는 돕는 사람의 역할에 빠질 위험이 커진다. 잰-왁슬러와 반 홀레는 또 다른 연구를 통해 이런 사실을 알아냈다. 두 심리학자는 실험에서 미취학 자녀를 둔 우울한 엄마와 건강한 엄마에게 신문기사를 읽은 후 우는 척하라고 요청했다. 아이들은 엄마가 슬퍼하는 모습을 보자 다양한 반응을 보였다. 여자아이가 남자아이보다 훨씬 더 많은 동정심을 갖고 엄마를 위로하려고 애썼다. 또 우울한 엄마를 둔 아이가 심리적으로 안정적인 여성의 아이보다 더 마음을 쓰는 것이 눈에 띄었다. 두 심리학자는 "결과적으로 어린아이, 그 중에서도 특히 여자아이가 다른 사람의 슬픔에 굉장히 많이 공감한다"고 결론 지었다.

지나친 공감능력은 특정한 교육방식을 통해 조장될 수도 있다. 엄마 아빠가 행동의 결과에 대해 비난하고 훈계하면 아이는 잘못했다고 느끼고, 자신의 행동을 후회하고, 적절한 태도를 취함으로써 어른의 마음을 되돌리려고 애쓴다. 아이는 깊은 죄책감을 느끼고, 부모에게 순응하고, 처신을 조심함으로써 잘못을 없애려 한다. 이런 아이는 모든 일이 자기 책임이라고 느낀다. 엄마가 울면 용서를 구하면서 "엄마, 나 때문에 슬퍼?"라고 묻기도 한다. 나중에 아이가 '친절함 증후군'이나 '도우미 증후군'에 걸리게 하는 또 다른 위험요소는, 부모가 조금 큰 아이를 믿고 의지할 대상으로 대하거나 비밀마저 털어놓는 일이다. 이때 딸이 아들보다 엄마를 적극적으로 지지하는 경우가 많고, 전체적으로 엄마의 기분에 더 민감한 반응을 보인다.

요약하자면 다음과 같이 결론 내릴 수 있다. 이른 시기에 자기 행동에 따라 엄마 아빠가 행복해질 수 있고 자신에게 애정을 쏟을 수도 있다고 믿은 사람은, 훗날 어른이 되어서 친절의 함정에 빠질 확률이 굉장히 높다. 반대로 자기중심적으로 생각하고 행동하는 데는 머뭇거리게 된다. '친절'이 '무거운 짐'으로 바뀌는 일은 대부분 하루아침에 일어나지 않는다. 이렇게 오랜 시간에 걸쳐 일어난 일은 당연히 바꾸기도 힘들다. 우선은 다른 사람을 항상 친절히 대하려는 마음이 유년기의 경험에서 기인한 것이라는 사실을 깨달아야 한다. 그다음에는 자의적으로 선택하지 않은 역할에서 벗어나려는 반항심과 소망이 마음 한구석에 자라게 해야 한다. 그것이 친절의 함정에서 자신을 해방시키는 첫걸음이다.

친절함의 굴레에서 벗어나는 법

친절함의 굴레에서 벗어난다는 것은 구체적으로 무엇을 의미할까? 지나치게 친절한 사람과 자기중심적인 사람의 차이점은 무엇일까? 매우 간단하다. 자기중심적인 사람은 질문을 한다는 점이다. 이것은 친절한 사람으로 살면서 다른 사람의 바람과 희망, 감정을 알기 위해 던졌던 질문과는 다르다. 오직 나 자신에게 초점을 둔 질문이기 때문이다. 더 이상 모두에게 다정한 '달링'이 되지 않기 위한 자기화해의 원칙을 하나씩 살펴보자.

첫째, '내가 원하는 것은 무엇일까?'라는 질문을 던지자. 자기중심적인 사람은 자진해서, 그리고 자명하게 '나는 무엇을 원할까? 다른 사람이 제안한 것이 내가 정말로 원하는 것일까?'를 스스로에게 묻는다. 언제나 원하는 것을 꼭 이루겠다는 욕심 때문이 아니라 다른 사람에게 내가 원하는 것을 제대로 알리기 위해서다.

진부한 예를 하나 들어보자. 가족들은 이번에도 무조건 바다에 가고 싶어 하지만, 당신은 드디어 한 번쯤은 산에 가고 싶다. 당신이 친절함 모드에 있다면 누구도 그 바람을 알지 못할 것이다. 산에 가고 싶은 마음을 속으로만 간직한 채 가족들과 함께 어느 바다에 갈지 이야기를 나눌 테니 말이다. 하지만 자기중심 모드에 있다면 속내를 털어놓고 가족들과 토론을 할 수 있다. 논의 끝에 결국 바다로 가기로 결정하더라도 논쟁에서 졌다고 할 수는 없다. 가족들이 다음 휴가는 당신이 원하는 대로 산에 가거나 다른 합의점을 찾아야 한다는 사실을 깨달았기 때문이다.

둘째, '나도 중요한 사람이잖아'라는 주문을 외우자. 친절한 사람은 자신에 대해서나 현재 자신의 상황, 근심, 직업, 개인적인 문제에 대해 잘 이야기하지 않는다. 다른 사람에게 부담을 주고 싶지 않다는 이유도 있지만, 사람들이 자기에게 별로 관심이 없을 거라고 믿기 때문이다. 친절한 당신은 남의 이야기를 잘 들어주는 청자가 되는 경우가 많다. 다른 사람들은 자주 당신을 찾아와 속마음을 털어놓고, 요즘 신경 쓰는 일이 뭔지 묻지 않아도 알아서 쏟아낸다. 간혹 당신이 '정신적 쓰레기통'이 된 기분마저 들 정도다. 하지만 이런 일이 너무 잦아져도 거절하지 못한다. 당신은 '친절한 사람'이니까.

친절함의 굴레에서 벗어나는 길은 자신을 좀더 중요하게 여기고, 다른 사람도 당신이 처한 상황을 들여다볼 수 있게 하는 것이다. 요컨대 "요즘 어떻게 지내?"라는 질문에 답을 회피하거나 "응, 잘 지내"라고 짧게 답하는 대신 자신에 대해 좀더 많이 이야기하는 것이다. 갑자기 이렇게 바뀌기가 어색하면 "오늘 차를 타고 오는데 뒤에서 무슨 일이 일어났는지 알아?"처럼 중립적인 일을 주제로 선택하자. 그리고 점점 용기를 내어서 "어젯밤에 무슨 꿈을 꾸었는지 들어줄래?"라거나 "언제 조용히 이야기 좀 할 수 있을까? 문제가 있는데 어떻게 해야 될지 모르겠어"라고 솔직히 말하는 것이다.

자기화해

셋째, '다른 사람을 화나게 하고 싶지 않다는 이유로 침묵하진 않겠다'고 다짐하자. 친절한 당신은 다른 사람의 이야기를 잘 들어주고 조언자 역할도 한다. 끝없는 질문으로 의사를 곤란하게 만드는 일도 없고, 그가 내린 진단이나 처방을 의심하지도 않는다. 무례하게 구는 상인이나 택시기사 등 낯선 사람의 부적절한 태도에도 거부반응을 잘 보이지 않는다. 남들과 불화를 일으킬 생각은 추호도 없으며, 되도록 불편한 상황은 절대 만들려 하지 않는다.

하지만 당신이 자기중심적인 사람이라면 완전히 다르게 행동할 것이다. 즉 이유 없이, 엉뚱하게 남을 배려하지 않는다. 누군가 기분 나쁜 행동을 하면 입장을 확실히 표명하고, 무례한 행동을 허용하지 않겠다는 의지를 분명히 보인다. "그런 어조로 말하지 말아주세요" "적절하게 알려주시기 바랍니다" "제가 원하는 점을 존중해주시기 바랍니다"와 같이 예전엔 절대 하지 못했을 말을 당당하게 한다. 자기중심적인 사람은 단지 다른 사람을 화나게 하고 싶지 않다는 이유로 침묵하지 않는다. 배려하려는 마음에 입을 다물기보다 오히려 입장을 확실하게 밝히는 편이 건강한 관계를 만들 수 있다는 사실을 알기 때문이다.

넷째, '상대를 실망시켜도 괜찮다'고 안도하라. "남편은 내가 이걸 해주기를 바라고 있어요." "연로하신 부모님의 기대를 저버릴 수 없어요." "아이들이 소풍 간다고 얼마나 좋아했는데, 이제 와서 못 간다는 말은 못 하겠어요." 다른 사람이 자신에게 걸고 있는 기대를 예민하게 받아들이는 편인 데다 절대 실망시켜서는 안 된다고 느끼는 당신은 친절함의 덫에 빠졌다. 남의 기대에 가장 높은 자리를 내주는 일은 자신을 위해서는 한 치의 공간도 허용하지 않는 것이고, 이럴 경우 숨이 막힐 만큼 꽉 끼는 코르셋을 입은 것과 같은 느낌이 들게 된다. 경영 컨설턴트 라인하르트 K. 슈프렝어의 "다른 사람의 기대는 다른 사람의 기대일 뿐이다"라는 말을 행동의 원칙으로 삼아라! 물론 다른 사람은 기대를 할 수 있다. 이런 기대를 들어줄 수 있고, 들어주고 싶을 수도 있다. 하지만 다른 사람의 기대를 무슨 일이 있어도 꼭 들어주어야 한다고 믿는 순간, 당신이 너무 힘들어진다. 다른 사람의 기대는 이제 더 이상 벗어날 수 없는 요구가 된다. 당신은 결국 다른 사람이 권력을 행사하도록 허용하고, 어떤 일이 일어나게 혹은 일어나지 않게 스스로 결정하는 일을 포기한다. 그러니 다른 사람의 기대는 내가 아닌 그의 기대일 뿐이라는 사실을 분명히 하는 것이 중요하다.

다섯째, '다른 사람에게 이해받지 않아도 된다'는 여유를 갖자. 친절한 사람은 다른 사람이 이것저것을 하라고 시켜도 관대한 편이다. 어쩌다 상대의 요구를 들어줄 수 없으면 구구절절

변명을 늘어놓는다. "미안한데 약속을 취소해야 할 것 같아요. 동서가 병원에 다녀야 하는데, 우리 집에 잠시 머문다고 해서요." 친절한 사람으로서 생각하기에 단순히 '할 수 없다'고 말하는 것만으로는 부족하기 때문이다. 당신은 남이 충분히 수긍할 만한 이유를 대야 한다고 생각한다. 그래야만 다른 사람의 바람이나 기대를 들어주지 않아도 된다고 스스로에게 허락할 수 있기 때문이다. 하지만 이유를 꾸며서까지 거절을 정당화하는 일은 과도하며, 불필요하다. 에리히 프롬은 "다른 사람이 우리 행동을 이해하지 못하는 게 도대체 왜 그렇게 중요한 문제일까?"라고 질문한다.

"그들이 이해하는 것만 우리에게 하라고 요구하는 것은 우리를 지배하려는 시도다. (…) 우리의 행동이 그들에게 상처를 주지 않는 한 (…) 우리는 어느 누구에게도 원치 않는 일을 해명하거나 정당화하지 않아도 된다."

프롬에 의하면, 자유인은 단지 자신과 자신의 이성 그리고 양심에 정당성을 인정받아야 하고, "어쩌면 설명을 들을 자격이 있는 몇몇 사람에게만 설명하면 된다".

정리하자면 다른 사람이 나를 이용하는 것만 같다는 생각이 들고, 스스로 너무 친절하다고 느껴질 때 이런 생각들을 하면 친절함의 굴레에서 나를 해방시킬 수 있다. '이런 건 싫어!' '나도 중요하고 흥미로운 사람이야!' '항상 남을 배려할 필요는 없어!' '네가 기대하는 것을 꼭 들어줄 필요는 없어!' '내 행동에 대해 굳이 설명하지 않아도 돼!'

'늘 나보다 다른 사람을 먼저 생각해', "아니요"라는 마법의 주문

우리 일상은 손님을 대하는 일에 진절머리가 난 듯한 불친절한 점원, 늦은 새벽까지 시끄럽게 파티를 벌이는 이웃, 보수공사비용을 부담하지 않으려는 집주인, 아이들 교육 문제에 참견하는 시어머니 등 크고 작은 말썽과 부당한 요구, 무례한 태도로 가득하다. 각각의 상황에서 사람들은 우리가 이에 맞는 태도를 취할 것을 요구한다. 우리는 부당한 요구에 저항할지 아니면 양보할지, 둘 중 하나를 선택해야만 한다.

당신이라면 어떤 쪽을 선택할 것인가? 당신이 원하는 대로 밀고 나갈 것인가, 아니면 평화를 위해 다수의 의견을 따를 것인가? 자기중심이 없다면 자신 있게 내 권리를 지키지도, 내 생각을 알리지도 못할 것이다. 당신은 다른 사람에게 아니라고 반대하고, 내가 하고 싶은 것을 하겠다고 말할 자신이 없다. 무엇보다 소속감을 느끼고 남에게 인정받고 싶다는 바람은, 다른 사람을 화나게 하거나 실망시키지 않기 위해 모든 것을 자제할 만큼 크고 중요하다.

당신은 남들 위에서 막강한 힘을 휘둘러 다른 사람을 불쾌하게 할까봐 두렵다. 너무 독단적으로 행동해 주변에 해를 끼칠까봐 걱정된다. 어떤 이유든 당신은 갈등 상황을 꺼리고, 따라서 자신의 권리를 쉽게 포기하곤 한다. 심지어 자신이 원하는 것을 무시할 때도 있다. 하지만 이런 행동은 자존감에 커다란 상처를 낸다. 원하지 않는 일을 하고, 반대해야 할 때 침묵하고, 관심 있는 것을 잘 보호하지 않으면 중대한 결과를 초래하게 된다. 자신의 생각을 관철시키는 것을 오랫동안 단념하다 보면 기운이 빠지고 화가 나기도 하지만 무엇보다 자신감이 사라진다. 그러면 단념하는 것이 습관이 된다.

미국 사회심리학자 토머스 모리아티Thomas Moriarty는 여러 실험을 통해, 일상의 다양한 상황에서 믿을 수 없을 정도로 많은 사람들이 자기 의사를 제대로 밝히지 못한다는 사실을 밝혀냈다. 그는 얼마나 많은 사람이 거절이나 불평을 하지 않고 수없이 자주 뻔뻔함과 부당함을 그대로 받아들이는지 실험했다. 하나의 실험에서 모리아티는 연구원 두 명을 혼자 영화를 보러 온 사람 뒤에 앉히고 영화 상영 내내 큰 소리로 떠들게 했다. 결과는 어땠을까? 시끄러운 뒷좌석 사람들을 향해 조용히 해달라고 말한 관객은 정말 어쩌다가 한 명 있을 정도였다. 또 다른 실험에서는 연구원이 공중전화 부스에서 나오는 사람에게 "방금 전, 이 공중전화 부스에 반지를 놓고 나온 것 같아요. 혹시 당신이 가져갔나요?"라고 물었다. 실험 대상이 된 사람들은 모두 사실 그대로 반지를 가져가지 않았다고 답했다. 그러면 연구원은 "때로는 자기도 모르게 무의식적으로 그런 물건을 가방에 집어넣을 때도 있더라고요. 제가 잠깐 당신 가방에 뭐가 들었는지 봐도 좋을까요?"라고 요구했다. 이 요구를 들은 사람 중 유일하게 단 한 명만 무례한 청을 하는 연구원을 옆으로 밀치고 아무런 대꾸도 하지 않았다. 세 명은 가방을 보여주는 것에는 동의하지 않았지만 계속 자신의 결백함을 주장했다. 하지만 놀랍게도 대부분의 사람이 가방 속을 보여줄 준비가 돼 있었다.

다른 연구에서도 많은 사람이 정당하게 여겨지지 않는 일이나 자신이 제대로 대우받지 못하는 상황에 대해 불평하거나 문제 제기를 하지 않는다는 사실이 드러났다. 미국에서 진행된 여러 연구를 보면 불만을 품은 소비자 중 무려 95퍼센트가 잘못

배송된 상품이나 결함이 있는 기계, 형편없는 서비스에 조치를 취하지 않았다. 많은 사람이 소비자로서의 자기 위치를 제대로 인식하지 못하고 권리를 행사하지 않기 때문에, 굉장히 많은 일을 그냥 눈감고 받아들이며, 매일 엄청난 돈을 아깝게 버리고 있는 것이다.

어쩌면 까칠하게 보이고 싶지 않고, 불편한 사람이라는 이야기를 듣고 싶지 않아서 그토록 많은 사람이 자신의 권리를 포기하는 것인지도 모른다. 본인이 원하는 바를 표현하면 상대가 공격적으로 받아들일 수 있다는 생각도 확실히 영향을 끼쳤다. 공격은 마음을 불편하게 하는 반격으로 되돌아오기 마련. 그렇다면 차라리 가만히 입을 닫고 있는 편이 나은 것이다. 당신은 어떤가. "아니요"라고 말하는 일을 힘들어하는가? 사실은 "아니요"라고 말하고 싶은데 생각할 틈도 없이 "예"라는 답이 튀어나와 버리는가? '예스맨'들은 거절 또는 거부가 다른 사람에게 상처를 주고, 더 나아가 자신과 멀어지게 만들 거라고 두려워한다. 이런 위험을 감당할 자신이 없어서 "싫어"라는 말을 하지 못하는 경우가 많다. 그러곤 자기 의사가 그렇게 중요하지는 않다고 스스로를 속여가면서 자신을 안심시킨다.

모든 사람의 마음속에는 애착과 소속에 대한 욕구가 자리잡고 있다. 우리는 사회적 존재이기에 다른 사람과 안전하고 아늑

자기화해

한 관계 속에서 지내고 싶어 한다. 자연스레 이런 욕구를 방해하는 모든 것은 피하게 된다. 어딘가에 소속되고 싶다는 욕구는 갈등 상황과 논쟁에서 늘 최후의 승자가 된다. 우리는 일반적으로 내가 관심을 갖고 반드시 해야 한다고 생각하는 일보다 사회적 결속을 더 중요하게 여긴다. 사실 이렇게 하는 것이 좋긴 하다. 이것은 다른 사람과 쉽게 어울리도록 해줄 뿐 아니라 정신적 평온함을 주기 때문이다. 하지만 이때도 꼭 준수해야 할 규칙이 있다. 어딘가에 소속되고 싶다는 욕구가 일반적인 범위를 넘어설 정도로 너무 강하면 도리어 이것이 장애가 되고 불안감을 형성하는 요소로 작용한다. 그러면 포기가 행동의 기본적인 특징으로 나타나고, 자신의 의지는 안정과 소속감이라는 소망 아래에 완전히 눌려버린다.

내가 가진 힘을 행사한다는 것

"아니요"라고 말하지 못하면 불만이 잠재되고, 억눌린 분노, 피곤함 같은 큰 대가가 따른다. 요즘 시대의 병인 번아웃은 대부분 선을 긋지 못하는 사람에게 발생한다. 따라서 '아니요'라는 말을 다시 발견하고 쓸 줄 알아야만 한다. 당신은 자신을 보호할 권리와 책임이 있기 때문이다. 그렇다면 어떻게 해야 할까? 바로 당신이 가진 힘을 다른 사람에게 행사하는 것이다.

'권력'이라는 단어만 들어도 벌써 마음속에서 거부반응이 일어나나? 권력으로 무언가를 얻고 싶은 마음은 추호도 없나? 하지만 자기중심적으로 살고 싶다면 권력을 지닐 자세를 갖추어야 한다. 물론 이때의 권력은 일반적으로 이야기하는 그 권력과는 다르다. '남이 하기 싫은 것을 하게 만드는 권력'이 아니라 '내가 하기 싫은 것을 남이 시키지 않게 하는 권력'이기 때문이다. 자기중심적인 사람은 "안 돼"라고 말하며 선을 긋고, 이를 통해 어떤 일이 발생하거나 발생하지 않게 한다. 싫다고 말함으로써 다른 사람의 요구와 행동을 중단시키고, 상대가 다시 생각하게 하는 것이다. "아니, 그 영화 보러 가기 싫어." "아니, 지금은 같이 자고 싶지 않아." "싫어, 주말에 당신이랑 산에 가고 싶지 않은데." '예스맨' 대신 '노맨'이 되면 무엇이 어느 방향으로 갈지를 정하는 사람은 바로 내가 된다. 이를 통해 나와 내가 원하는 것을 중요하게 챙길 수 있다.

'아니요'는 항상 결정의 한순간을 뜻한다. 이것은 본인의 한계가 어디인지를 분명하게 보여준다. "아니요, 서명하지 않겠습니다"는 어떤 것에 동의하지 않는다는 의미다. "아니, 나는 도움을 줄 수 없어"라는 말은 자신의 목표를 더욱 중요하게 추구한다는 입장을 분명하게 보여준다. 간략히 말해 '아니요'는 나 자신을 표현하는 것이다. 아무리 다른 사람과 좋은 관계를 유지하기 원하고 다른 사람을 중요하게 생각하더라도, 상대가 자신이 원하는 바를 내게 강요하도록 두지는 않는 것을 의미한다. '아니'라고 말하는 것은 '이게 나고, 이게 내가 중요하게 생각하는 거야'라는 메시지를 전하는 일이다. 특히 다음과 같은 상황에서는 고집스럽게 "아니요"라고 말해야 한다.

첫째, 스스로를 보호하기 위해 "아니요"라고 말해야 한다. 가끔씩 사람들이 누군가에게 요구하는 것을 보면 정말 놀랍다. 어떻게 그런 것까지 부탁할 생각을 했는지 상상을 뛰어넘는다. 새로 구입한 자동차를 빌려달라고 조르는 친구도 있고, 방해받지 않고 쇼핑하려는 마음에 아이를 옆집에 맡기려는 이웃도 있다. 그리고 야근을 대신해줄 수 있는지 계속해서 묻는 동료도 있다. 비슷한 상황에 처했을 때, 당신을 삼켜버릴 듯이 마구 밀려오는 다른 사람의 요구로부터 스스로를 보호할 유일한 수단은 "아니요"라는 거절이다. 이는 동시에 스스로를 자기 자신으로부터 보호하는 길이기도 하다. 아무리 자기중심성이 강한 사람이라도 다른 사람이 요구하는 바를 왜 들어줄 수 없는지 뾰족한 이유가 떠오르지 않으면 그냥 양보해버릴 수 있다. 하지만 분명히 "안 돼"라고 거절할 때는 변명을 대지 않아도 된다. "아니, 그렇게 안 할 거야"라고 말하는 것만으로도 충분하다.

둘째, 방해받지 않기 위해 "아니요"라고 말해야 한다. 주말에 오랫동안 읽고 싶었던 책을 마침내 읽기로 다짐했는데 친구들이 소풍을 가사고 제안한다. 친구들과의 모임에 혼자 쏙 빠질 수는 없어 고민한다. 혹은 이번 주에는 프로젝트를 꼭 끝내려고 했는데, 자신이 맡은 프로젝트로 전전긍긍하던 동료가 도와달라고 부탁한다. 또는 할 일이 많아 바쁜데 당장 이야기하지 않아도 될 내용을 말하려고 지인이 전화를 걸어온다. 이런 예시는 적절한 때에 확실하게 거절을 하지 않으면 다른 사람의 사정 때문에 본인이 방해받을 수 있음을 구체적으로 보여준다.

셋째, 상처받지 않기 위해 "아니요"라고 말해야 한다. 할머니는 손주에게 간식을 선물하는 것을 좋아한다. 딸은 이런 엄마가 못마땅하다. 어느 날, 엄마가 가져온 초콜릿을 보고 화가 난 딸이 "애가 엄마처럼 뚱뚱해지면 어쩌려고 그러세요?"라고 쏘아붙인다. 공격적인 말을 들었는데도 "너 엄마에게 그런 식으로 말하는 거 아니다"라고 따끔하게 선을 긋지 못하면, 늘 상처받을 수밖에 없다.

불편해지지 않으면서,
불편한 것에 대해 말하는 법

마하트마 간디는 누군가의 마음에 들고자, 혹은 더 심한 경우에

자기화해

는 문제를 회피하고자 마음에도 없는 "예"를 하는 것보다 마음 속 깊은 곳에서 우러난 "아니요"를 말하는 편이 훨씬 훌륭하고, 위대하다고 강조했다. 지금껏 괜히 일을 크게 만들고 싶지 않아서, 내가 너무 고집을 피우면 남이 불편해할까봐 걱정되어서, "아니요"라고 하지 못했다면 선을 긋는 일이 쉽지는 않을 것이다. 어쩌면 거절에 대해 잘못된 이미지를 갖고 있을 수도 있다. 하지만 거절은 누군가를 아프게 하는 것이 아니고, 혹독하거나 이기적으로 구는 것도 아니다. 자기중심에 있어서 초보자인 당신이 자신의 바람과 욕구에 가치를 부여하는 일을 쉽게 해낼 방법이 있다.

첫째, 자동적으로 "예"라고 말하는 습관을 "한번 생각해볼게"라고 말하는 습관으로 바꾼다. 이렇게 말함으로써 상황을 통제할 수 있고, 다른 사람의 의견에 동조할 의향이 있는지 아닌지를 침착하게 생각해볼 시간을 벌 수 있다. "아니요"라고 말하기로 결정했다면 타당한 이유를 찾을 수도 있다. 곰곰이 생각해볼 시간이 있기에 이것이 가능하다. 이제는 다른 사람이 강하게 요구해온다 해도 움츠러들 위험에 빠지지 않는다.

둘째, '아니요'를 다른 여러 표현으로 변형해볼 수 있다. 누군가 부정적인 감정이 일어나는 바람과 요구를 해올 때, "그렇

게 하기엔 마음이 불편한데" "안 하는 편이 나을 것 같아" "우리
가 합의하지 못한다는 데 합의합시다" "좋은 계획이네요. 그런
데 유감이지만 나는 같이 못 할 것 같아요"라는 식으로 답하는
것이다. 과거의 사례에서도 '아니요'라는 말을 다르게 표현한 경
우를 찾을 수 있다. 보름스 의회에서 저서를 철회할 것을 명령
하자 루터는 "달리 할 수 없어"라고 말했다고 한다. 허먼 멜빌은
필경사 바틀비가 동명의 소설에서 "하지 않는 쪽을 선호합니다"
라고 하면서 모든 의뢰자에게 반대하는 모습을 묘사했다.

셋째, 관계가 위험에 처할까봐 거절하기가 두려울 때 단지 두
가지 가능성밖에 없다는 생각을 하면 위로가 된다. 첫 번째는
원하는 것을 그냥 밀고 나가는 것이고, 두 번째는 다른 사람과
의 관계를 택하는 것이다. 그런데 이와 더불어 세 번째 방법이
있다. 하얀 크림이 발라진 매혹적인 맛의 까만 쿠키에서 이름을
따온 '오레오 쿠키 전략'이다. 먼저 긍정적인 것을 말하고, 중간
에 친절하게 '아니요'라는 말을 집어넣고, 끝에 다시 한번 긍정적
인 것을 말하는 전략이다. '예-아니요-예'라는 구조가 생김으로
써, 결국은 '아니요'를 뜻하는 말임에도 긍정적으로 들리게 된다.
구체적인 예를 살펴보자.

한 여성이 협회에서 자리를 맡으라는 청탁을 받았다. 그녀는
일과 양육 두 가지를 다 잘해낼 수 있을 거라는 확신이 서지 않

앉다. 고민 끝에 거절하기로 한 그녀는 협회장에게 편지를 썼다. 우선 협회에서 보여준 신뢰감에 대한 기쁨('예')을 표현하고, 사정상 이런 흥미로운 업무를 맡을 수 없다는 뜻('아니요')을 전달한다. 마지막엔 만약 2년 뒤 아이들이 좀더 컸을 때도 여전히 자신이 물망에 오르면 그때는 자리를 맡을 수 있을 것이라는 입장('예')을 밝힌다.

넷째, 감정은 철저히 숨긴다. "아니요"라고 말할 때는 여유를 갖는 것이 좋다. 마음속에서는 폭풍이 일어나고 있어도 겉으로는 평온함을 유지해야 내면의 소란을 통제하는 데 도움이 된다. 더불어 다른 사람을 위해 거절을 너무 심하게 표현하지 않는 기술도 필요하다. 반드시 화난 목소리로 거절할 필요는 없다.

물론 그렇다고 해도 입장은 확실히 밝혀야 한다. '아니요'라는 의사를 전달했어도, 계속해서 같은 일을 간청하는 경우가 있다. 그때는 반복해서 강조하는 것이 중요하다. 이런저런 요구를 해오는 상사에게 "지난번에도 말씀드렸지만 업무를 추가적으로 하는 것은 아무리 생각해도 불가능합니다"라고 말해야 한다. 이미 논의가 끝난 사안을 두고 비난을 일삼는 배우자에게는 "우리가 이 문제에 있어서는 합의를 못 본다는 걸 알잖아요. 더 이상 이 문제에 대해 이야기할 필요는 없을 것 같아요"라고 말해야 한다. 한 번 말했던 것은 끝까지 고수하는 전략이 중요하다.

다섯째, 말투와 목소리도 중요하다. 작은 목소리로 "내가 말하려던 건……"이라며 속삭이는 건 애매한 마음과 뒤로 물러서려는 태도를 암시한다. "아니요"라고 말하는 것이 정당하다는 확신이 들면 분명하고 단호한 목소리로 자신감 있게 표현해야 한다.

처음에는 분명 다른 사람이 당신을 어떻게 생각할지에 대해 걱정될 수도 있다. 갑자기 "아니요"라고 단호하게 말하는 당신을 보면 주변 사람은 혼란스러울 것이다. 하지만 다른 사람이 화낼 필요가 없도록 '아니요'를 예쁘게 포장하는 일이 당신 책임이라고 생각해서는 안 된다. 누군가의 말에 반박하거나 다른 의견을 낼 때 상대방이 보일 반응에까지 영향을 끼칠 수는 없다. 하지만 당신이 말 그대로 자기중심적인 사람이라면 협상 전문가 윌리엄 유리가 표현했듯이 '마음이 불편해지지 않고도 불편한 것에 대해 말하는 일'이 가능해진다. 그리고 "아니요"라고 말하는 일이 결코 어렵지 않다는 사실을 점차 경험할 것이다.

자기화해

'나는 아무것도 한 게 없는걸', 불필요한 겸손함 버리기

우리는 모두 다른 사람의 주목을 끌고 관심을 받기를 원한다. 하지만 관심은 이제 귀중한 것이 되어서, 자신을 '잘 파는' 사람만이 차지할 수 있다. 경제학자이자 철학자인 게오르크 프랑크 Georg Franck는 이렇게 말했다.

"우리가 있는 모든 곳에서 우리의 소매를 잡아당기면서 '여기 좀 봐!'라고 말을 거는 것이 유일한 의미이자 목적인 것들과 마주합니다. 사람들은 이처럼 성가신 것에서 더 이상 벗어날 수가 없으며, 몇몇 사람들이 모이는 곳에서는 항상 관심을 얻기 위한 힘겨루기가 일어납니다."

다양한 공급과 유혹, 약속 안에서 사람들의 관심을 끌지 못하는 상품은 전부 몰락하고 만다. 그리고 이런 문제는 누구나 세상할 수 있는 '상품'에 있어서도 마찬가지다. 바로 자기 자신 말이다. 이것을 의식하든 말든, 이것이 마음에 들든 말든 상관없이 우리는 자신이 하는 일과 자기 자신을 선전하도록 매일 새로운 도전을 강요받는다. 우리는 몸에서 건강미와 활력이 뿜어 나오도록 노력하고, 올바른 체형이 되도록 신체를 단련하고, 다이내믹하고 호감 가는 모습을 갖추려고 애써야 한다. 요약하자면 우리는 자신을 최대한 잘 팔기를 요구받는다. 스스로에 대한 홍보를 게을리하면 가장자리로 밀려나는 것은 순식간이다. 실력과 능력, 진지함과 성실함만 있으면 주목받을 수 있다고 믿는 사람은 순진한 낙관주의자에 지나지 않는다. 여러 연구를 보면 무엇보다 세 가지 요소가 승진의 기회를 좌우한다. 첫 번째 요소인 능력은 10퍼센트 정도, 두 번째 요소인 이미지와 개인적 스타일은 30퍼센트 정도 영향을 미쳤다. 그리고 세 번째 가장 중요한 요소는 남의 주목을 받고 시선을 끄는 일로, 승진에 60퍼센트나 영향을 주었다.

남의 주목을 끄는 일은 직장 생활에서만 큰 의미가 있는 것이 아니다. 어디에서든 다른 사람과 교류할 때면 언제나 중요하다. 자기중심이 우선이지만 우리는 남과 더불어 살아갈 수밖에 없기 때문이다. 자기를 잘 표현할수록 상대방에게 더 빨리, 더 오래도록 강한 인상을 남긴다. 게다가 남에게 자신의 첫인상을 남기는 데는 두 번의 기회가 주어지지 않는다. 심리학자들은 사람들이 누군가를 만난 처음 몇 초 안에 상대에 대해 엄청난 양의 정보를 수집한다는 사실을 입증했다. 이렇게 얻은 정보는 우리가 그 사람을 상대할 때, 행동과 생각에 지속적으로 영향을 끼친다. 강요된 유동성과 융통성으로 이루어진 수많은 만남의 홍수 속에서, 기억에 남을 만한 인상을 주지 못한 사람은 금세 잊히기 마련이다. 특히 소극적인 자세로 물러서는 사람은 일상의 무대 위로 올라왔다가 바로 내려가는 단역배우가 된다. 자신이 주인공인 자기 삶의 무대에서 말이다. 자신의 능력을 남이 알아서 인정해주기를 바라는 사람이나 '잘난 체하는 사람'을 경멸하는 사람, 또 스스로를 칭찬하기보다 차라리 입을 꾹 다무는 사람은 빨리 무대 계단 아래로 사라진다.

권력의 거식증과 가면 증후군

작가 해리엇 루빈은 1997년 『여성을 위한 마키아벨리』라는 책에서 많은 여성이 '권력의 거식증'에 시달린다고 밝혔다. '자기중심의 거식증'에 걸렸다고도 표현할 수 있다. 루빈은 대부분의 여성이 승리를 얻으려 노력하지 않는다고 말한다. 다른 사람이 자기로 인해 패배하는 일에 책임지고 싶지 않기 때문이다. 우리는 논란이 될 만한 문제를 피하고, 자기 자신과 자신의 능력을 너무 적게 드러내는 경우가 많다.

강점과 능력을 드러내지 않으려는 태도는 현재의 우리보다 이전 세대에 확실히 더 만연했다. 하지만 오늘날에도 여전히 권력을 행사하는 일을 두려워하며 뒤로 물러서는 사람이 많다. 작가 캐티 케이와 클레어 시프먼이 공저한 『나는 왜 자꾸 눈치를 볼까?』라는 책에는 이에 대한 인상적인 사례와 여러 편의 연구 결과가 실려 있다. 두 작가는 여성에게 자신감이 결여됐고, 예나 다름없이 아직도 자신의 능력을 숨기며, 직장에서 고위직에 올라도 여전히 남성 동료보다 적은 급여를 받을 뿐 아니라 남자에 비해 연봉 인상 문제를 덜 주제화하고, 자신이 이룬 성공을 누릴 자격이 없다고 느낄 때도 많다고 전한다. 페이스북의 최고운영책임자 셰릴 샌드버그처럼 어마어마한 성공의 대명사가 된 사람도 예외가 아니다. 샌드버그는 한 인터뷰에서 이렇게 속마음을 털어놓았다.

"잠에서 깨어났을 때 내가 마치 사기꾼처럼 느껴지는 날이 아직도 있어요. 내가 지금 있는 곳에 정말 있어야만 하나라는 생각에 완전히 불안해지고요."

1970년대 말 미국 심리학자 폴린 클랜스는 '가면 증후군'에 대

자기화해

해 말했다. 클랜스에 의하면 가면 증후군이란 좋은 교육을 받고 능력 있는 사람이 자신의 능력을 의심하고, 자신에게 성공을 거둘 만한 실력이 없다고 믿고, 우연과 행운 덕분에 혹은 자신이 얼마나 무능한지 다른 사람이 '눈이 멀어' 못 본 덕분에 현재의 위치를 누리는 것뿐이라고 여기는 태도를 의미한다. 오늘날 여전히 많은 사람이 가면 증후군에 시달리면서 자신의 성공을 자기 능력으로 거둔 것이 아니라고 생각한다. 밤베르크대학교의 심리학 교수 아스트리트 쉬츠Astrid Schütz는 우리가 예나 지금이나 항상 자신의 약점을 염두에 둔다고 설명한다.

"여성은 자신의 어떤 점을 개선해야 할지 항상 고민합니다. 반면 남성은 '내가 할 줄 아는 게 뭐뭐였지? 내가 성공적으로 해낸 곳은 어디였지? 내가 잘하는 것은 무엇일까?'라고 묻습니다."

에어랑겐–뉘른베르크대학교의 사회심리학자 안드레아 아벨레–브렘Andrea Abele-Brehm도 마찬가지로 우리가 성공을 일종의 두려움으로 대한다는 사실을 관찰했다.

"여성은 다른 사람이 자신을 비여성적으로 받아들이는 것을 원하지 않습니다. 존경받는 것도 좋지만 가능하다면 사랑도 받고 싶어 하죠. 남들이 자신을 좋아하는 것이 존경받는 것보다 더 중요할 때가 많아서 능력을 일부러 숨기고, 고집과 수행력을 접기도 합니다."

하이델베르크대학교의 심리학 교수 모니카 지베르딩Monika Sieverding은 한 연구에서 이런 태도가 어떻게 발현되는지를 관찰했다. 실험 참가자들은 가상의 면접을 봐야 했다. 지베르딩은 남녀 참가자가 각기 얼마나 많은 시간을 자신의 이야기에 할애하는지에 특히 관심이 컸다. 실험 결과 여성 참가자는 자기소개에 평균 2분 50초를 썼고, 남성 참가자는 그보다 1분 더 길게 자신에 대해 설명했다. 직장에 다니는 여성이라면 한 번쯤은 해봤을 경험이다. 미팅이나 콘퍼런스, 아니면 회사 구내식당에서도 유사한 장면을 지켜볼 수 있다. 남성은 자신의 입장을 고수하며, 이것을 반복해서 알리곤 한다. 반면 여성은 자기 생각을 한 번 말했으면 충분하다고 여기는 경우가 많다. 스스로 무대 앞에 나오는 일은 잘 하려고 하지 않으며, 자신을 내세우는 일은 긍정적이지 않다고 생각하기도 한다.

이런 잘못된 겸손함은 어디에서 기인한 것일까? 스스로 '점잖게 뒤로 빠지는' 이유는 무엇일까? 대부분의 심리학자는 부족한 자신감을 원인으로 추정한다. 아무리 대단한 능력을 갖추었더라도 자기 능력을 믿지 못하는 사람은, 실력은 덜하지만 자신감이 넘치는 사람보다 출세의 기회를 잡지 못한다. 그런데 여러 심리학자들에 따르면 남성에 비해 여성이 자신감이 부족한 경우가 많다고 한다. 여성은 실수를 저지르고 실패하면 그 원인이 자기

자기화해

에게 있다며 책임감을 느끼곤 한다. 반면 남성은 이런 경우 다른 사람이나 상황을 탓할 때가 많다. 또한 맞는 답을 할 수 있을 때까지, 완전히 확신할 수 있을 때까지 의견을 밝히거나 답하지 않는 여성이 많다. 하지만 안타깝게도 완벽함을 이루려는 마음은 그녀의 실력이면 충분히 나아갈 수 있는 성공의 길을 가로막곤 한다.

한 흥미로운 실험은 자신감 부족이 일을 해나가는 데 얼마나 방해가 되는지를 보여준다. 심리학자 재커리 에스테스는 500명의 대학생을 상대로 컴퓨터 모니터상에 보이는 3D그림을 새로 배열하게 하는 실험을 진행했다. 첫 번째 실험에서 여학생들이 완성한 결과물은 남학생들에 비해 눈에 띌 정도로 형편없었다. 많은 여학생들이 과제를 아예 풀지 않은 것이 원인이었다. 에스테스는 두 번째 실험에서 참가자 전원에게 최대한 문제를 많이 풀 것을 지시했다. 그러자 남녀 학생의 결과에 차이가 전혀 없었다. 실험 진행자가 강하게 주문하자 여학생들도 좀더 적극적으로 나서면서 과제를 성공적으로 해결했다. 에스테스는 이 실험에서 자신감 부족이 활동을 막는다는 사실을 밝혔다. 즉 자신을 믿지 못하면 차라리 아무것도 안 하는 쪽을 선택한다는 것이다.

우리가 자신감이 적은 이유는 교육과 사회화 과정 혹은 남녀

간의 생물학적 차이에 기인할 수 있다. 하지만 이런 사실을 알고 있어도 별 도움이 되지 않는다. 이보다 더욱 중요한 것은 자신에게 맞는 방법으로 나를 알리는 것이다. 그러면 '확성기'와 잘난 체하는 사람들 사이에 끼지 않고도 자신을 잘 드러낼 수 있다. 여성이든 남성이든 자기를 홍보하는 스타일이 중요하다.

잘난 척하지 않으면서 효과적으로, 자기선전 전략

이미 말했듯 오늘날 다른 사람의 관심을 끌려면 심혈을 기울여야 한다. 친절하고 유능하다고 해서 관심이 저절로 주어지지는 않는다. 다른 사람의 이목을 집중시키려면 열심히 노력해야 한다. 갈수록 경쟁이 심해지기 때문에 관심이라는 자원은 모자라다. 모든 사람은 날마다 수많은 정보와 자기표현의 홍수를 마주하고, 누구에게 귀중한 관심을 선물할지 끊임없이 결정해야 한다. 이런 상황에서 자기를 표현하는 훈련이 잘된 사람은 확실히 이득을 얻는다. 이런 사람은 능숙한 솜씨로 자신에게 관심이 쏠리게 하고, 지나치게 겸손하게 구는 사람을 관심 밖으로 밀어낸다. 게오르크 프랑크는 "이것은 커다란 천막 안에서 맥주를 마시는 상황과 같다. 모두가 큰 소리로 떠들면 나도 크게 악을 써야 남들이 내 말을 들을 수 있다"라고 말한다.

"우리는 남에게 자신을 자발적으로 선보이고 드러내는 일에 재미를 느끼는 시대를 살고 있다. 남에게 잘 보이려고 애쓰고 자기를 선전하는 일이 미덕이 됐다."

그런데 반드시 큰 소리로 관심을 끌어야만 다른 사람들이 나를 인식할까? 잘했다고 스스로 어깨를 다독이고 뽐내는 일이 너무 어색하고 부끄러운 사람은 어떻게 해야 할까? 이때 관심을 받지 않아도 된다고 말하는 사람도 있다. 자신을 드러내려는 사람에게 무대를 넘겨주고 그것으로 충분하다고 스스로를 설득하는 경우다. 하지만 이는 자신을 속이는 일이다. 누구든 어느 정도는 다른 사람의 관심을 필요로 하기 때문이다. 이미지 관리는 허영심 그 이상을 의미한다. 자기선전은 자신의 가치를 인식할 중요한 수단이다.

프랑켄 지방의 풍자극 예술가 에르빈 펠치히Erwin Pelzig는 "이미지란 다른 사람이 나에 대해 생각하는 모습이기 때문에 사실 나는 그렇지 못하지만 그런 모습이 되고 싶어 한다"라는 의미심장한 말을 했다. 사회심리학자 아스트리트 쉬츠는 "사람들이 자신을 어떻게 묘사하고, 또 다른 사람들 앞에서 어떻게 자기를 소개하는지에 따라 일반적으로 본인에 대한 평가가 달라진다"라고 설명했다. 우리가 자신을 어떻게 묘사하는지는 다른 사람의 가치 평가와 관심에 좌우된다. 그래서 본인을 긍정적으로 평가하는 일은 정신건강에 중요하다.

철학자 마르틴 부버는 "인간은 '네'가 있어야 '내'가 된다"는 것을 일찍이 깨달았고, 인본주의 심리학의 창시자 중 한 명인 에이브러햄 매슬로는 명성과 지위, 인정에 대한 욕구를 인간의 근본적 동기라고 설명했다. 그가 제시한 5단계 욕구이론에서 관심을 받고 싶어 하는 욕구는 안정과 소속감, 사랑과 같은 심리적 욕구 다음에 위치한다. 그렇기에 다른 사람으로부터 관심과 인정을 받지 못하는 사람은 공허함에 괴로워하고 존재감을 느끼지 못한다. 안정적인 자존감을 지니기 위해 우리는 다른 사람으로부터 인정을 받고 싶어 한다. 다른 사람이 자신을 주목하지 않으면 마음이 괴롭다.

그렇다고 큰 소리로 자기를 과시하는 사람을 본보기로 삼아야 할까? 다른 사람이 자신에게 시선을 돌리도록 요란하게 앞으로 나와 스스로를 칭찬해야만 관심을 받을 수 있는 건가? 자기중심적인 사람이라면 이런 질문에 "아니요"라고 분명히 말할 것이다. 이들은 요란을 떨어야만 다른 사람의 관심을 얻을 수 있다는 생각을 끔찍하게 여길 것이다. 또한 앞만 번지르르하고 뒤에는 아무것도 없이 자기과시를 하는 사람에게 자신의 귀중한 관심을 허비할 일은 결코 없으리라 다짐할 것이다. 자기중심적인 사람은 양보다는 질을 중요하게 생각하므로 '정제된' 관심을 얻을 방법을 선택한다. 다시 말해, 사회에서 그리고 다른 사

자기화해

람의 마음속에서 중요한 자리를 차지하려는 경우 '무기 선택'에 매우 신중을 기한다. 구체적으로는 다음과 같다.

- 자기중심적인 사람은 자신이 정말 소중하게 여기는 사람들이 주는 주의와 관심만 중요하게 생각한다. 또한 스스로에게 관심을 갖고 자신을 소중히 생각하는 사람이 주는 관심만을 높게 평가하며, 잘못된 편이 보내는 박수는 지양한다.
- 선택의 호사로움을 누리되, 관심을 얻기 위해 마구잡이로 굴지 않는다. 게오르크 프랑크는 "자기에게 쏠린 관심을 자존감으로 바꾸는 사람은 스스로의 가치를 굉장히 낮게 평가한다. 자존감 부족은 이해되지 않는 일이지만, 상식적으로는 당연히 해롭다"고 설명한다. 자기중심적인 사람은 귀중한 관심을 무작위로 남발하지 않는다. 자신이 누구나 좋아하는 달링이 될 수 없고, 이를 원하지도 않는다는 사실을 안다. 또 관심을 끌려고 애쓰는 모든 사람에게 똑같이 관심을 주지도, 주고 싶어 하지도 않는다.

그러면 내가 바라는 사람이 내게 관심을 기울이게 하려면 어떻게 해야 할까. 어느 정도 자기표현을 하지 않으면 자신이 원하고 필요로 하는 것을 받을 수 없다. 관심은 혼자 자동적으로 생기지 않기 때문이다. 그래서 우리는 모든 사회적 상황에서 어떤 방식으로든 자기표현자의 역할을 맡는다. 우리는 항상 멋진 조명 아래 서려고 노력하고, 이때 가능한 모든 자기표현의 기술과 전략을 사용한다. 그러나 우리는 이를 종종 알아차리지 못한다. 그래서 자기만의 자기표현 방법을 만드는 일은, 떠들썩한 홍보 전문가들 사이에서 살아남아 목표에 가까워질 좋은 전략이다. 이것은 인상 매니지먼트(사회심리학에서 '자기표현의 예술'이라고 부르듯이)에서 말하는 것처럼 자신의 가치를 스스로 깎아내리는 대신에, 더욱 유별나게 스스로를 높게 평가하는 것을 뜻한다. 자기를 낮게 평가하는 것은 '정제된 관심'을 얻는 데는 도움이 안 되므로 자기중심적인 사람의 레퍼토리에 속하지 않는다. 이런 사람은 아예 다음과 같은 것을 생각조차 하지 못할 것이다.

- 잘못을 빌어야 할 이유가 없다면 용서를 구해야 한다는 생각도 하지 않는다.
- 일어날지 말지 모르는 문제에 대해 불필요하게 언급할 생각을 하지 않는다("그날 약속을 할 수 있을지 없을지 잘 모르겠어").
- 자신을 불완전하다고 묘사할 생각을 하지 않는다("나는 너무 서툴러. 도대체 재주가 없어").

자기화해

• 도움을 필요로 하는 것처럼 행동할 생각을 하지 않는다. 자기중심적이지 못한 사람은 다른 사람의 주의와 관심을 받기 위해 무력함과 질병을 이용할 때가 많다. 심하게 관심을 못 받는 경우에 질환은 '무기'로 이용된다. 하지만 자기중심적인 사람은 그럴 이유도 필요도 느끼지 못한다.

다른 사람에게 당신의 실력, 능력, 강점을 인정받기 위해서는 자기를 표현해야 한다. 그렇다고 자신을 과시하라는 말은 아니다. 그렇다면 자기중심이 강한 사람이 선택하는 자기홍보 전략은 무엇일까? 하나씩 살펴보자.

첫째, 자신의 실력과 전문성을 강조한다. 다른 사람들이 자신이 무엇을 성취했고, 무엇을 할 수 있는지를 알아내기란 불가능하다. 그래서 자기중심적인 사람은 "이 건은 내가 정말 훌륭히 해낸 거야!" "거기서 내 실력이 정말 돋보였지"처럼 자신의 능력과 성공, 행동을 의식적으로 확실하게 드러낸다.

둘째, 자기중심적인 사람은 요구하는 바가 높다. 다른 사람이 자신을 자신이 획득한 학위로 불러주는 일에 의미를 부여하고, 이것을 분명하게 요구하는 사람도 있다. 어떤 사람은 자신의 특별한 업적, 발견, 천재적인 사고 과정에 이목이 쏠리게 하고, 자신이 여느 사람과 어떻게 다른지 차이점을 강조한다. 자기홍보에 서툰 사람은 종종 이런 '잘난 체하는 행위'를 고상하게 포기하고 뒤로 물러서는 편이다. 하지만 이것은 잘못된 겸손이다!

셋째, 자신이 바로 성공의 비결이라고 말한다. 자신이 성공시킨 어떤 일에 대해 이야기를 늘어놓는 과정에서 어려운 고비를 잘 넘겼을 때를 빼놓지 않고 언급하며 자신의 문제해결능력을 자찬한다. 자기중심적인 사람은 성공을 '행운'의 덕으로 돌리지 않고, '타이밍이 좋아서'라고 둘러대지도 않는다.

넷째, 마음이 열려 있다. 다른 사람에게 자신의 뒷면까지 보여주는 일은 자기표현의 막강한 수단이다. 이 방법으로 일석이조의 효과를 얻을 수 있다. 다른 사람에게 열린 마음으로 다가가면 그들도 좀더 열린 마음으로 반응한다. 이때 중요한 것은 적절한 정도로 마음을 열어두는 것이다. 과장하는 사람은 종종 신용과 매력을 잃게 된다.

다섯째, 자신을 표현하는 고유한 방식이 있다. 다시 말해, 자신의 진짜 모습 이상을 남에게 보이려 하지 않는다. 그래서 자신을 나타내는 이미지가 현실과 완전히 동떨어지지 않는다. 자기중심적인 사람은 다른 사람을 거짓말로 속이지 않으며, 괜히 잘난 체하지 않는다.

'오늘도 많은 것을 해내지 못했어',
아무것도 하지 않기의 힘

시간 부족은 모두에게 만연한 문제다. 삶이 우리에게 많은 과제를 주다 보니 '해야 할 일 목록'을 체크하면서 하루하루를 헐떡거리게 된다. 그러다 저녁이 되면 "오늘도 많은 것을 해내지 못했어. 나와 소중한 사람 그리고 모든 것에 충분히 시간을 들이지 못했어"라는 말밖에 할 수 없어서 힘이 빠진다. 누구나 거의 필연적으로 끝없는 시간 부족에 시달리고, 하루가 24시간밖에 안 된다는 사실을 너무나 안타까워한다. 할 수만 있다면 하루를 27시간이나 30시간으로 늘리고 싶다. 그런데 정말 그러면 모든 것을 해내기에 충분할까? 분명 아니라는 확신이 든다. 시간이 연장되면, 그에 맞추어 우리의 해야 할 일 목록은 더 길어질 것이기 때문이다.

사회학자 하르트무트 로자는 "현대 사회는 행동과 과정이 오래 걸리는 것을 상대로 싸운다"고 말했다. 무엇인가를 하려면 전부 시간이 너무 오래 걸린다. 병원 대기실에서 기다리는 일, 슈퍼마켓 계산대에서 줄 서는 일, 멀리 떨어져 있는 여자 친구와의 통화, 회사 동료와의 회의…… 그러다 보니 우리는 모든 것을 가능하면 더 빨리 해내려고 애쓴다. 시간을 줄이려고 의사에게 가는 대신에 의심스러운 통증이 어떤 병에 해당되는지 인터넷에서 찾아보고, 손수 요리하는 대신에 인스턴트식품을 사서 끼니를 때우고, 직접 만나는 대신에 자기 자리에 앉아 화상회의를 진행한다.

게다가 몇 가지 일을 동시에 처리하려고도 한다. 우리는 아직 처리되지 않은 일 모두를 정말로 같은 시간 안에 빨리 끝내야 하는지 생각하지 않는다. 해야 할 모든 일이 즉시 해결해야 할 일인지 묻지 않고, 무엇을 우선적으로 처리할지 순서를 정하지 않고, 과제의 중요성도 따지지 않는다. 마치 로봇과 같다. 즉 쉬지도 않고 매일 일을 하고 또 한다. 하지만 그럴수록 점점 지쳐가고 자신에 대한 만족도도 떨어진다. 당연한 이야기지만 로봇처럼 많은 일을 한꺼번에 해낼 수 없기 때문이다.

멀티태스킹은 우리가 시간 부족 문제를 통제하기 위해 필요로 하는 주문이다. 이것은 컴퓨터공학에서 유래한 개념으로 끊임없는 변화 속에서도 많은 과제를 동시에 해결하는 운영체제의 능력을 뜻한다. 그런데 기계가 할 수 있는 일을 인간이 그대로 해낼 수 있을까? 성과의 질이 떨어지지 않게 하면서, 또 그 과정에서 해를 입지 않으면서 정말 많은 일을 동시에 해낼 수 있을까? 불가능하다는 사실을 누구나 알 것이다. 전문가와 심리학자, 뇌연구가가 이를 입증했다. 이들은 사람에게 멀티태스킹 능력이 없다는 것에 동의한다. 요컨대, 부퍼탈대학교의 심리학자 라이너 빌란트Rainer Wieland는 이렇게 말한다.

"인간은 사실 한번에 한 가지 일만 할 수 있습니다. 동시에 여러 가지 정보를 처리하려면 우리는 의식적으로든 무의식적으로든 여러 자극을 왔다 갔다 합니다."

노동심리와 조직심리를 전공한 프리치 비스만Fritzi Wiessman도 멀티태스킹을 '허구'에 불과하다고 여기며, 멀티태스킹을 하려고 애쓰는 것 자체가 의미 없다고 강조한다.

"멀티태스킹으로 복합적 과제를 수행하다 보면 오류가 생길 확률이 높아지고 시간도 낭비되기 때문입니다. 한 가지 일을 하다가 3분만 딴짓을 하거나 새로운 일에 신경 쓰면 이전 상태로 다시 돌아가는 데 2분이 걸립니다. 누군가가 중간에 일을 방해하거나 스스로 다른 곳에 신경 쓰면 노동 시간에서 잃어버리는 시간이 40퍼센트에 달할 수 있습니다."

멀티태스킹에 대한 부정적인 견해에도 불구하고 우리는 날마다 반복적으로 멀티태스킹을 시도한다. 특히 여성은 남성보다 훨씬 더 많이 멀티태스킹의 도움으로 해야 할 일 목록에 적힌 일을 해내야 한다는 압박감을 느낀다. 혹시 여성이 멀티태스킹을 남성보다 더 잘해내기 때문일까? 프리치 비스만은 이것이 완전히 틀린 생각은 아니라고 설명한다.

"여성은 여러 가지 자극을 동시적으로 지각하는 능력이 남성보다 발달했습니다. 이것은 연습하기 나름이죠. 요리와 전화 통화는 동시에 해내기 쉬운 과제에 속합니다. 하지만 무엇인가를 결정하거나 결론을 내야 할 때는 남녀에 상관없이 동시에 여러 일을 나란히 한다는 개념이 더 이상 작동하지 않습니다."

노동심리학자인 비스만은 다음과 같이 결론을 내린다.

"우리는 어떤 일을 완전히 내 것으로 만들어서, 따로 주의하지 않거나 혹은 아주 조금만 신경을 써도 될 수준에 이르러야 비로소 멀티태스킹이 가능합니다."

잠들지 못하는 사람들

언론인 브리짓 슐트가 그리는 다음 그림에서 자기 모습을 떠올리는 사람이 많을 것이다.

"나는 나 자신이 내 삶 속에서 '뿔뿔이 흩어지고, 분산되고, 피곤하다'고 느낍니다. 나는 항상 여러 가지 일을 한번에 하는데, 정말 제대로 되는 것은 한 가지도 없죠. 절뚝거리면서 겨우 뒤를 쫓아가지만 항상 늦습니다. 아침마다 집을 나오기 전에 이런저런 일을 얼른 처리해놓으려고 마음먹기 때문이죠. 일을 하다 보면 시간이 총알처럼 빨리 지나가요. 그런데 해결하고 나면 막상 무슨 일을 했는지, 그 일이 왜 그렇게 중요했는지 설명할수 없습니다. (…) 아이가 생긴 뒤로는 단 하루도 규칙적으로 지나간 날이 없었어요."

대부분의 사람들은 오늘날 직장과 가정에서 주어진 모든 과제를 제시간에 처리할 뿐만 아니라, 가능하면 완벽하게 해내고 싶다는 생각에 사로잡혀 있다. 전문가들은 오늘날 거의 대부분의 사람이 '정신적 환경공해'에 시달린다고 말한다. '우선 이것을 하고, 그다음에는 저것을 처리하고. 아, 그것도 해야 되네'라고 잠들기 전까지 끊임없이 생각한다. 많은 경우에는 잠을 자면서까지 생각이 지속될 때도 있다. 독일의 질병통제기관인 RKIRobert Koch Instituts의 발표에 의하면 독일인의 4분의 1이 수면장애에 시달린다. 그중 몇몇은 아침에 일어나자마자 며칠 동안 처리해야 할 모든 일과 아직 해결하지 못한 문제를 떠올린다. 생각이 꼬리에 꼬리를 물고 이어지고, 그렇게 날이 밝아온다.

일하는 시간을 줄일 수만 있다면 자신을 위한 시간이 많아질까? 시간제로 일하는 직장이 한 가지 해결책이 될 수 있을까? 이 말에 시간제로 일하는 사람은 분명히 크게 웃음을 터뜨릴 것이다. 시간제 일자리가 시간 부족을 해결하기는커녕 오히려 문제를 키우기 때문이다. 매주 '겨우' 20시간에서 30시간만 일하는 곳에 다니는 사람은 여러 곳에서 떠맡기는 업무 때문에 더 많은 하중을 견뎌야 한다. 이들의 문제는 무엇 하나도 '집중해서 한 번에' 할 수 없다는 것이다. 한곳에서 한 업무에 전혀 집중할 수가 없고, 집에서도 완전히 집안일에 전념할 수 없다. 한 역할에서 다음 역할로 계속 바뀌는 바람에 더 많은 시간의 압박에 시달린다. 어떨 때는 마치 삶이 '가다 멈추다, 가다 멈추다'가 반복되는 정체된 도로를 자동차로 느리게 지나가는 것처럼 느껴진다. 교통 체증에 걸렸을 때의 느낌을 일상에서 느낀다. 즉 앞으로 나가지 못하고, 목표에도 전혀 도달하지 못한다. 이 모든 과정은 엄청나게 많은 힘을 빼앗는다.

일상생활에서 예를 모으면 모을수록, 원인을 구체적으로 분석하면 할수록, 함정에 빠져서 어떤 출구도 없다는 생각이 우리를 무겁게 압박한다. 시간을 절약하고 '관리'해준다는 전략들이 실제로 그리 큰 도움이 되지 않는다는 사실을 이미 경험을 통해 알기 때문이다. 시간은 아낄 수도 없고, 통제하기도 힘들다. 주어진 시간 안에 많은 것을 해내려고 애쓸수록 우리는 더욱더 시간 부족에 내몰린다.

그러나 시간의 함정에서 빠져나오는 방법이 있긴 하다. 자기중심적으로 시간을 다루는 법을 배우고, 자신의 행위에 자기 견해가 반영되게 하는 것이다. 우리는 자기중심을 바탕으로 시간에 대한 주도권과 여유를 얻을 수 있다. 자기중심적인 사람은 자신이 시간의 노예가 되지 않게 한다. 그리고 그날 해야 할 일을 모두 해내야 하루가 저물어갈 때 만족감을 느낄 수 있다고 말하지 않는다. 이들은 시간의 소중함을 알기 때문에 시간을 보물처럼 지키면서 누구에게 혹은 무엇에 시간을 할애할지 매우 꼼꼼하게 계획한다. 그렇다면 어떻게 자기중심적으로 시간을 사용할 수 있을까? 하나씩 살펴보자.

'빨리'와 '해야만 해'는 위험하다

시간관리 전문가 로타르 자이베르트는 자주 스트레스를 받는 사람들에게 스트레스가 어디에서 오는지를 물었다. "한꺼번에 많은 일을 하려고 애썼어요"라는 대답 외에 가장 많이 나온 이유는 "다른 사람을 실망시키고 싶지 않아서 '싫다'고 말하는 일이 너무 힘들어요"였다. 전체 응답자의 90퍼센트는 다른 사람이 어떤 형태로 압력을 가했기 때문에 마지못해 요구받은 일을 했다. 이 사실을 아는 자기중심적인 사람은 의식적으로 일상 모든 곳에 도사리고 있는 시간 도둑을 더 잘 경계한다. 이들은 "잠깐만 이것 좀……"이라는 말이 순식간에 더 많은 시간을 요구하는 일로 발전할 수 있다는 사실을 안다. 그래서 "그럴게요"라고 말하기 전에 고민할 시간을 달라고 청하고, 자신이 부탁을 들어줄 수 있는지와 정말 들어주고 싶은지를 매우 자세히 점검한다.

하지만 압박감이 다른 사람으로부터만 오는 것은 아니다. 한편으로, 나와 내 행동을 가장 많이 압박하는 사람은 바로 나 자신이 될 수도 있다. 자신이 어떻게 말하는지에 가만히 주의를 기울여보자. "이건 빨리 해야 해." "잠깐 빨리 어디 좀 갔다 올게." "이것만 얼른 해놓고……" 대부분의 사람들은 '빨리'라는 단어를 이제는 더 이상 깨닫지도 못할 정도로 자연스럽게 사용한다. 하지만 이 단어는 위험하다. '빨리'라는 단어를 반복해서, 무의식적으로 쓰다 보면 나쁜 결과를 초래한다. 자신이 엄청나게 무거운 압박감을 받고, 항상 시간이 없고, 스트레스를 받는다는 인상을 뇌로 전달하기 때문이다. '빨리'라는 단어는 나와 내 행동이 빨라지도록 보채고 시간 부족이라는 스트레스를 높인다.

'해야만 해'도 우리를 압박하는 말 중 하나다. 언어학자 메히트힐트 폰 쇼이를–데퍼스도르프는 사람들이 어떤 일을 해야 하

자기화해

는데, 사실은 별로 하고 싶지 않을 때 '해야만 해'라는 말을 자주 한다는 것을 알아냈다. 이 말을 잘 쓰지 않는 사람은 어떤 일을 그냥 했다. 쇼이를-데퍼스도르프는 "'해야만 해'와 '하고 싶어'라는 말의 사용 여부는 개개인마다 굉장히 큰 차이를 보이며, 이것은 삶에도 뚜렷한 차이를 가져온다"라고 설명한다. 그는 자신도 그랬다는 것을 알아차렸다.

"이전에 저는 '해야만 해'라는 말을 매우 자주 해서 나 자신은 물론 주변 사람에게도 큰 압박감을 주었습니다. 예컨대 '나는 내일 베를린에 가야만 해. 내일 그곳에서 어떤 사람을 만나야만 해.' 이렇게 말이죠. '해야만 해'라는 말을 빼고 말하는 법을 배운 뒤에야 비로소 부담감이 적어지고, 스트레스도 줄었습니다. '내일 베를린에 가서 저녁때 어떤 사람을 만날 거야'라고 말을 하자 제 삶이 훨씬 쉬워졌습니다."

시간 부족에 따른 압박감을 줄이고 싶다면 '빨리'와 '해야만 해'라는 말을 굉장히 주의 깊게 사용해야 한다. 언제가 되었든 어떤 일을 '빨리' 처리해야 한다면 잠깐 숨을 고르고 "정말 이것을 해야 할까? 어쩌면 안 하고 놔둬도 될지 몰라. 이 일이 과연 나에게 도움이 될까?"라고 묻는 일을 잊지 말자. "내가 이것을 빨리 처리해야 할까? 아직 시간이 남은 게 아닐까?"라고 질문하는 것도 매우 중요하다.

잠시 전원을 끈다고 세상과 단절되진 않는다

우리가 얼마나 자주 쓰는지 의식도 못 하는 연락·소통수단들이 시간 부족이라는 스트레스로 우리를 묵직하게 압박하는 또 다른 원인이 된다. 8200만 명의 독일인이 9640만 건의 휴대전화 계약을 맺고 있으며, 휴대전화 한 대당 하루 평균 약 202분 동안 통화를 하고 문자를 보내고 사진을 찍는다.

우리는 때와 장소를 가리지 않고 항상 연락받을 준비가 돼 있다. 또한 '적절한 시간 내에 문자와 이메일에 응답해야 한다!'는 불문율에 따라 행동한다. 영국 학자들은 85퍼센트의 대기업 직원이 메일을 받고 2분 이내에 회신하고, 심지어 70퍼센트는 6초 이내에 답변을 보낸다는 사실을 밝혀냈다. 답장을 빨리 받지 못하면 우리는 더 많은 질문을 해댄다. "어제 메일 못 받으셨어요? 아직 아무런 말씀이 없으셔서요. 제 문자가 스팸메시지로 넘어간 건 아니길 바랍니다!" 미국에서는 이를 ICYMI In case you missed it 증후군이라고 부른다. 이는 '당신이 무엇인가 놓치고 보지 못했다면 제가 한 번 더 보내죠'라는 뜻을 내포한다. 그저 새로운 소식을 읽고, 듣고, 확인했는지의 문제라면 아직은 힘이 남아 있을 것이다. 하지만 의사소통을 위한 연락에는 더 많은 것이 연관되어 있다. 어떤 이는 당신의 결정이 떨어지기를 기다리고, 누군가는 당신이 무엇인가를 해주기를 바란다. 아이가 아프

자기화해

면 학교에 가서 데려와야 하고, 연로하신 엄마가 약국에서 약을 사다 달라고 하면 부탁을 들어줘야 하고, 사랑에 번민하는 친구는 전화로 달래주거나 문자로 위로해줘야 한다. 모두 그럴 만하고, 타당한 바람들이다. 하지만 어떻게 이 모든 것을 해낼 수 있을까?

사람들은 페이스북이나 와츠앱 같은 SNS에 의한 압박감을 거의 대부분 인지하지 못한다. 하지만 밤베르크대학교와 프랑크푸르트대학교의 학자들은 네트워크 안에서의 서핑Surfing이 스트레스 자체라는 사실을 입증했다. 페이스북 이용자는 친구 수가 증가하면서 거의 지나치다 만난 수준으로밖에 알지 못하는 사람이나 심지어 아예 모르는 사람의 삶에 자신이 연관된다고 느끼는데, 이것이 엄청난 압박감으로 작용할 수 있다는 것이다. 두 대학교의 학자들은 연구를 위해 571명의 페이스북 이용자와 인터뷰했다. 이들 다수가 친구 데이터 풀 data pool을 거의 관리하지 못한다고 토로했다. 문제는 무엇인가를 포스트한 사람이나 개인적으로 질문한 발신자가 답변을 듣거나 최소한 동감의 표시를 얻고 싶어 한다는 것이다. 이런 메시지는 매우 개인적이고 감정적일 때가 많고, 가끔은 압박감을 주기도 한다. 설문조사에 참여한 사람들은 굳이 답변할 의무가 없음에도 의무감을 느낀다고 말했다.

이것 말고도 새로운 기술로 인한 또 다른 압박감도 있다. 심리학자 대니얼 골먼에 의하면 새로운 기술은 '올바른' 사회관계를 해체시킬 정도로 이미 우리의 관심을 사로잡았다. 2006년 'puzzled(혼란스러운)'와 'pissed(냄새가 고약한, 쉰)'라는 단어의 조합으로 완성된 'pizzled'라는 단어가 영어사전에 등록된 사례가 있다. 이 단어는 함께 있는 상대방이 갑자기 스마트폰을 꺼내서 다른 사람과 이야기를 하거나 메시지를 주고받는 모습을 보며 느끼는 감정을 의미한다. 2006년에는 기분을 상하게 하는 일로 느껴졌던 것이 요즘에는 거의 당연한 일상이 됐다. 누구나 전화와 메시지가 왔는지 스마트폰을 수시로 들여다본다. 정류장과 대합실, 강의실뿐 아니라 친구와 식사를 하면서도 작은 화면에서 눈을 떼지 못하는 사람이 점점 더 늘어나고 있다.

2014년 미국에서 흥미로운 설문조사가 진행됐다. 2000가구는 다음과 같은 질문에 답해야 했다. "집에 스마트폰을 두고 왔다고 상상해보세요. 다시 차를 돌려 집으로 돌아가실 건가요?" 세 명 중 한 명은 얼마나 시간이 걸리는지에 상관하지 않고 무조건 즉시 집으로 돌아갈 것이라고 답했다. 휴대전화에 중독됐다고 말해도 지나치지 않은 모습이다. 요즘 시대에 디지털 기기의 도움 없이는 일상생활을 해나가기가 어렵다고 해도, 좀 더 개념 있게 자기만의 생각을 고수하면서 디지털 기기를 이용하는 것도 분명 누구에게나 가능하다. 디지털 디톡스digital detox라는 단어는 새로운 추세로 옥스퍼드 영어사전에 등재됐다. 사전은 디지털 디톡스를 '스마트폰이나 컴퓨터와 같은 전자 기기의 사용을 중단하고, 스트레스를 줄이거나 현실 세계에서의 사회적 상호작용에 집중할 수 있는 기회로 바라볼 수 있는 시간'이라고 정의한다.

디지털 디톡스는 그리 어렵지 않다. 주말에는 스마트폰과 노트북, 아이패드의 사용에 제한을 두거나 아예 기기의 전원을 켜지 않음으로써 얼마든지 스스로 일상에서 디지털 디톡스를 시작할 수 있다. 최고의 방법은 매일 일정량의 디지털 디톡스를 계획표에 넣는 것이다. 매일 30분 동안 메일을 확인하지 않거나 보내지 않고, 전화와 인터넷 사용도 참는다. 그 시간에는 스마트폰을 잠시 서랍에 넣어둔다. 매일 똑같은 시간에 디지털 디톡스를 하다 보면 습관이 되고 이를 통해 힘센 시간 도둑은 무력해진다.

다음과 같이 결심하는 것도 시간 부족에 따르는 압박감을 줄여줄 수 있다. 심리학과 교수 엘리자베스 W. 던Elizabeth W. Dunn은 자신의 학생 코스타딘 쿠스레브Kostadin Kushlev와 공동으로 진행한 연구에서 이메일을 수시로 확인하지 않는 것만으로도 많은 것을 이룰 수 있다고 결론 지었다. 던과 쿠스레브는 124명의 성인을 연구에 참여시키고는 그중 절반에게 원하는 만큼 언제든지 메일을 확인해도 좋다고 했다. 다른 절반은 하루에 세 번만 메일을 확인하고 답변해도 좋다는 지시를 받았다. 일주일 후 모든 참가자는 얼마나 많은 스트레스를 받았는지 답해야 했는데, 놀라운 결과가 나왔다. 하루에 세 번만 메일을 확인할 수 있었던 집단의 스트레스 수치가 훨씬 낮았던 것이다. 메일이 왔다고 알리는 컴퓨터의 '핑' 소리에 지속적으로 반응하지 않은 사람이 방해도 적게 받았고, 멀티태스킹에 따르는 압박감 역시 적게 느꼈다.

자신의 시간을 더 많이 통제하고 싶은 사람은 디지털 기기의 손아귀에서 시간을 뺏어와야 한다. 그러지 않으면 디지털 기기가 우리가 무엇을 하고, 무엇을 내버려둘지를 제멋대로 결정한다. 디지털 기기는 우리가 언제나 연락받을 준비가 되어 있게 한다. 자기중심적인 사람은 자신을 디지털 기기의 노예로 방치해두지 않는다. 이들에게 시간은 너무나 소중하다. 이들은 의식적으로 '오프라인 시간'을 두고 이를 통해 새로운 움직임을 선도한다. 오래전부터 디지털 매체가 인간의 심리에 미치는 영향을 연구해온 의사이자 심리치료사 베르트 테 빌트는 '아날로그 세상의 정제 효과'에 기대를 건다. 어쩌면 미래에는 '아날로그 시간과 공간'을 누리는 것이 진정한 사치로 여겨질지 모른다. 안드레 빌켄스Andre Wilkens도 『아날로그는 새로운 친환경』이라는 책에서 베르트 테 빌트와 유사한 의견을 낸다. 빌켄스도 아날로그 생활방식으로 돌아가는 과정에서 자기 견해에 따라 주류에 맞서고, 시간과 사고에 대한 주도권을 다시 쟁취하고, 집단적 디지털 움직임에서 빠져나올 수 있는 기회를 보았다.

"디지털과 아날로그식으로 수평적으로 사고할 용기를 가져라. 오늘날의 망상가가 앉아 있는 작은 공간이 내일의 가장 핫한 주류가 될 수 있다."

디지털 지배에서 벗어난 사람은 이베이보다는 벼룩시장에서 옛날 물건을 구매하기를 선호한다. 이들은 와츠앱상에서 형식적 관계를 맺은 수많은 사람보다는 얼마 되지 않는 현실의 친구를 커피숍에서 만난다. 사진을 클라우드에 올리지 않고 인화해서 앨범에 꽂는다. 제대로 된 책을 손에 쥐었을 때의 느낌이나 신문이 바스락거리는 소리에 즐거워하고 여행사를 통해 여행지를 예약한다. 빌켄스는 "식품의 상업적 대량생산에 대한 대안이 친환경재배 식품인 것처럼, 이제 아날로그가 데이터의 상업적 대량생산과 처리에 대한 답이 될 수 있고, 이런 발전에 영향을 미친다"고 설명한다.

시간과 거절의 상관관계

자기를 위하는 사람들은 '효율성 멍청이'가 되고 싶은 마음이 없다. 철학자이자 사회심리학자 페터 하인텔은 항상 서두르지만 한 번도 목표에 다다른 적이 없는 사람들에게 이런 이름을 붙였다. 하인텔은 1990년 '시간을 늦추는 협회'를 세웠는데, 이 협회는 사람들이 '폭력을 당한 자신의 시간을 다시 발견하도록' 도와준다. 협회장 마르틴 리브만Martin Liebmann은 시간을 늦추는 사람과 다른 사람 간의 차이에 대해 이렇게 말한다.

"우리도 다른 모든 사람과 같이 생활비를 벌어야 하고, 휴대전화와 인터넷, 컴퓨터를 사용하고, 텔레비전도 봅니다. 다만 우리는 경제적 자유에 대한 약속과 발전의 잘못된 축복, 그리고 자신도 언젠가는 죽는다는 운명에 좀더 관심을 갖는 것뿐입니다. 우리는 많은 가능성에 자신이 너무 빨리 도취되지 않게 합니다."

사실 시간이 부족한 것은 실제로 존재하는 문제가 아니라 잘못된 인식에서 기인하는 경우가 많다. 문제는 우리에게 시간이 너무 적게 주어진 것이 아니라, 너무 많은 가능성이 있다는 것이다. 제공된 가능성을 모두 이용해야 한다고 믿고, 모든 일을 동시에 하려면 언젠가는 숨이 차기 마련이다. 어떤 사람은 이미 이런 사실을 깨닫고 슬로비스Slobbies, slower but better working people(느리지만 훨씬 더 일을 잘하는 사람) 운동에 참여하기도 한다. 이들은 양보다 질을 중요하게 여기고, 느림을 분주함보다 높은 서열에 놓고, 급변하는 트렌드에서 빠져나온다. 이들은 끊임없이 바쁘고, 시간이 없는 것을 지위의 상징으로 여기지 않는다. 스케줄로 가득한 달력을 자랑하는 데에서 어떤 의미도 찾지 못하고, 몇 분 간격으로 휴대전화가 울리거나 문자 혹은 와츠앱 메시지를 받는 사람이 반드시 중요한 사람이라고도 생각하지 않는다.

사회학자 하르트무트 로자는 시간에 쫓기는 사람들에게 의식적으로 며칠 동안 휴가를 내고, 달력에 굵고 진하게 나만의 시간을 적어놓는 방법을 추천한다. "누군가 '우리 이때 뭔가 같이 할까?'라고 물으면 일관되게 '아니, 나 벌써 다른 계획이 있어'라고 단호하게 말해야 한다"는 것이다. 초보자는 우선 주중 하루 저녁에 자신만을 위한 시간을 내는 연습을 하고, 숙련된 사람은 구체적인 계획을 세우지 말고 하루나 며칠 동안 자신을 위한 시간을 마련한다. 하르트무트 로자는 나만을 위한 시간은 '신성불가침하다'고 계속 설명할 것을 추천한다.

"예를 들어 음악밴드와의 리허설이나 배구경기가 있더라도 이를 지켜야 합니다. 이런 일정에 참석하지 않을 것인지 아니면 늦게라도 갈 것인지에 대해 아예 생각하지 마십시오."

또한 자기중심적인 사람은 시간을 아주 진귀한 자원처럼 대한다. 대부분의 사람은 원치 않은 일이나 순전히 시간낭비인 일에 시간을 허비할 때가 많다. 시간 연구자들은 아무 계획 없이 시간을 쓰지만 않아도 모든 사람에게 더 많은 시간이 있을 것이라고 지적한다. 이에 연구자들은 사람들에게 무슨 일을 하면서 시간을 보내고, 이런 일을 하는 동안 얼마나 기쁨을 느끼는지를 기록하게 했다. 그 결과 많은 사람이 텔레비전 앞에서 귀중한 시간을 허비하고, 별로 소중하지 않은 사람들을 만나고, 중요하지 않은 일로 많은 시간을 방해받는다는 사실을 알아냈다. 시간 연구자이자 메릴랜드대학교의 사회학자인 존 로빈슨John Robinson 은 사람들이 하루 1440분을 무슨 일에 쓰는지, 그 일을 얼마나 좋아하는지를 구체적으로 알고 싶었다. 그의 실험에 참여한 사람은 일종의 일기 형태로 날마다 무슨 일을 했는지 기록하고, 각각의 일을 얼마나 소중하게 생각하는지 0부터 10까지 점수를 매겼다. 0은 '전혀 좋아하지 않음'이고, 10은 '굉장히 좋아함'을 뜻했다. 그 결과, 어떤 활동에 10점을 준 응답자는 단 한 명도 없었다. '섹스'가 9.3점으로 가장 윗자리를 차지했고, '스포츠 게임'과 '아이와 함께 놀기/아이 돌보기'가 그 뒤를 따랐다. '잠자기'와 '먹기' 그리고 '다른 사람 혹은 가족과 함께 시간 보내기'는 8.5점을 받았다. '일하기'가 7점을 받았는데 흥미롭게도 '목욕하기'도 같은 점수를 얻었다. 예상대로 낮은 점수를 받은 것은 집안일과 청구서 지불로 5.8점이었고, 텔레비전 시청도 5.9점밖에 얻지 못했다.

활동에 할애하는 시간과 이런 점수가 일치했을까? 절대 그렇지 않다. 로빈슨은 18세 미만의 두 자녀를 둔 43세의 기혼 직장 여성을 예로 들어 이를 입증했다. 이 여성은 날마다 6.5시간 동안 직장에서 일하고, 가사에 6.5시간을 할당한다. 수면에 5.5시간을, 식사에 1.5시간을, 휴식에 한 시간을 쓴다. 그리고 2.5시간 동안 텔레비전을 본다(하루 중 유일하게 자유로운 시간이다). 출퇴근에 1.2시간을, 아침에 아이들을 깨우는 데 0.8시간을 사용한다. 이런 전형적인 하루 일과에는 섹스, 아이들과의 놀이, 다른 사람과의 만남같이 사람들이 일반적으로 가장 선호하는 일이 아예 포함되지 않았다.

'왜 우리는 그토록 좋아하는 일을 위해 시간을 낼 수 없는 걸까'라는 질문을 안 해볼 수 없다. 예를 들어 우리는 왜 별로 좋아하지도 않는 텔레비전 앞에서 많은 시간을 보내는 걸까? 로빈슨은 이런 질문에 대해 우리에게 자유로운 시간이 없는 이유는 순전히 우리 책임이라는 선동적인 결론을 내놓는다. 시간이 부족하다는 것은 핑계에 지나지 않으며, 일반적인 변명일 뿐이라는 것이다. 시간이 없다는 것은, 사실 다른 할 일이 있다는 의미다. 자유로운 시간이 있다면 무엇을 하고 싶어 하는지가 중요하다. 우리는 우리가 믿는 것 이상으로 훨씬 더 많은 것을 결정할 수 있다. 이것을 깨닫는 일이 좋은 삶과 의지를 위한 첫 번째 단계다.

철학자이자 경영 컨설턴트인 라인하르트 K. 슈프렝어는 경영자에게 종종 "당신 삶에서 가장 중요한 것이 무엇입니까?"라는 질문을 던진다. 그가 가장 많이 듣는 답은 "내 아이들이요"다. 그런데 아이들과 얼마나 많은 시간을 함께 보내는지를 묻는 질문에는 그럴 시간이 부족하다는 대답이 돌아왔다. 최고위 경영자들은 약속과 미팅, 출장이 아이들보다 중요하다고 여긴다. 하지만 일이 정말 더 중요할까? 아니면 지금까지 이를 비판적으로, 진지하게 생각해볼 기회를 갖지 않았던 것일까? 라인하르트 슈프렝어가 확신을 갖고 이렇게 물었을 때 대부분의 사람이 그렇지 않다고 반박했다. 경영자는 자신이 짊어진 강요와 기대, 그리고 업무에 대한 말을 꺼냈다. 슈프렝어는 이에 무자비하게 "시간에 쫓기는 것은 자초한 일이고, 스스로 선택한 것이며, 결국에는 '아니요'라고 거절할 용기가 부족한 것일 뿐이다"라고 설명한다. 응답자들이 이런 의견을 수긍하기는 어렵다. 자기중심적인 사람은 시간을 어떻게 사용할지는 본인의 책임이라는 사실을 안다. 이들은 시인이자 역사학자인 칼 샌드버그의 말을 따른다.

"시간은 당신 삶에서 돈과 같으며, 이를 어떻게 사용할지는 당신이 결정한다. 다른 사람이 당신의 돈을 쓰지 않도록 하라."

자기화해

약간의 무질서와 혼란을 허용하기

사실 매우 간단하다. 나만을 위한 시간을 갖고 싶으면 다른 일을 그대로 놓아두면 된다. 요컨대, 청소나 정리, 세차가 그렇다. 우리는 집안과 정원을 완벽하게 정리하려고 얼마나 많은 시간을 소요하는가. 시간과 신경을 빼앗겨가며 완벽해야 한다는 강요 속에서 일하는 사람이 적지 않다. 이런 사람들은 청결과 정리에 대한 기준이 높고, 다른 사람이 하는 일에 방향을 맞추기 때문에, 그렇게 정확하게 하지 않아도 되거나 다른 사람이 해도 되는, 혹은 나중에 좀더 편안한 마음으로 해결해도 되는 일에 너무 많은 시간을 들인다. 어떤 사람이 자신을 위한 시간이 너무 없다고 호소하면 그의 하루 일과를 비판적인 시선으로 관찰해보는 것이 좋다. 그러면 정말 모든 것을 그렇게 정확하게 해야 하는지 의문이 생긴다.

의사이자 작가인 틸 바스티안은 집 구석구석을 정돈하려다 보면 시간 부족과 스트레스에 시달리게 된다고 설명한다. 바스티안은 이것을 건강에 매우 좋지 않은 상황이라고 여기며 이에 저항할 것을 촉구한다. 그는 건강하게 살고 싶으면 약간의 무질서와 혼란이 필요하다고 말한다.

"정리가 되지 않은 방, 잡동사니로 가득한 서랍, 잡초가 무성한 정원 등을 허용하세요. 이런 지저분한 구석은 의도적으로 혼란을 허락하는 보호 구역 역할을 합니다."

이런 저항이 어디로 이어질지는 당연히 개인에 따라 굉장히 다르다. 누군가에게 이런 일은 이웃이 민들레와 데이지가 가득한 잔디밭을 보든 말든 전혀 개의치 않고, 그대로 방치해두는 일을 의미할 수도 있다. 또 다른 사람에게는 일요일에 온종일 잠옷을 입고 집 안을 돌아다니며 아무것도 안 하는 것을 뜻할 수 있다. 다른 사람이 명절 스트레스에 시달리는 동안 나는 집에 머물면서 하루를 온통 기분에 따라 보낼 수 있다. 어떤 사람에게는 일정 기간 미용에 신경을 쓰지 않고, 화장을 하지 않고, 정말 편안한 옷만 입는 일을 의미할 수도 있다. 아니면 빨래를 그냥 놔둔 채 숲으로 산책을 가거나, 그냥 빈둥빈둥 소파에 누워 있는 것을 가리킬 수도 있다. 아무것도 안 하는 것은 자기중심적 시간 사용에서 가장 중요하고 본질적인 요소다.

늘 피곤하고 시간이 부족하다고 느끼는 것은 휴식이 필요하다는 신호다. 이런 신호는 사람들을 성가시게 하기 때문에 대부분은 이를 모른 척한다. 하지만 지극히 정상적인 상태의 피곤이 완전히 힘이 소진되는 상태로까지 발전하지 않게 하려면, 아무것도 하지 않는 심심한 시간을 규칙적으로 갖는 것이 필요하다. 심지어 시시포스조차 바위가 아래로 굴러갈 때마다 고민하고, 힘을 모으고, 아무것도 하지 않는 충분한 휴식을 필요로 했다. 이런 '산에서 내려오는 시간'은 매우 분주한 삶을 사는 현대적 일상에도 존재한다. 우리는 이런 휴식 시간이 있다는 사실을 인지하기만 하면 된다. 요컨대, 일을 하는 사이사이에 비는 시간이 있다. 이런 틈새를 이용하면 시간 연구가 카를하인츠 A. 가이슬러Karlheinz A. Geißler가 이름 붙였듯이 제대로 된 '휴식 복지'를 누릴 수 있다. 신호등의 빨간불이 켜졌을 때나 슈퍼마켓 계산대 앞의 길게 늘어선 줄에서 기다릴 때 아무것도 하지 않고 그저 서 있는 것이 이에 속한다. 아무런 주말 계획도 세우지 않는 것, 그냥 가만히 앉아 있는 것, 창밖을 내다보는 것도 여기에 속한다. 코미디언 게르하르트 폴트Gerhard Polt는 매우 특별한 방법으로 우리 시대의 분주함과 급변함에서 벗어난다.

"'아무런 의미가 없는 나'를 내 앞에 두는 방법입니다. 이것은 내가 하는 일에 아무런 의미도 없다는 뜻입니다. 그곳에 아무도 없고 의미도 없기 때문에 내가 의미심장한 일을 하나도 안 해도 된다는 일이 나를 기쁘게 합니다."

물론 결코 쉽지 않은 일이다. "아무것도 하지 않고 그냥 그렇게 앉아 있겠다고? 절대 안 돼!" 우리가 휴식을 취하려고 하면 내면의 감독이 계획표를 들이대면서 "오늘 해야 할 일 목록에 적힌 것을 벌써 다 한 거야?"라고 물을 것이다. 아무것도 하지 않는 것은 사람을 불안하게 한다. 결국은 성과를 올리는 사람만

성공을 지향하는 우리 사회의 소중한 일원이라는 느낌을 준다. 적극성은 높게 평가되고, 수동성은 비생산적인 정지 상태를 연상시킨다.

하지만 점점 더 많은 사람이 더 이상은 할 수 없는 상태에 빠져들고 있기 때문에 도중에 중단하는 일이 점점 더 많은 가치를 인정받고 있다. 사람의 능력을 얻어내려는 기업에서도 마찬가지다. 최근에는 스트레스 감소를 위한 프로그램이 기업 문화로 자리잡아가고 있다. 인텔은 직원들에게 '고요의 기간'을 가질 것을 지시했다. 인텔 직원은 매주 화요일에 네 시간 동안 컴퓨터를 끄고, '방해하지 마세요'라고 적힌 종이를 사무실 문에 걸어두어야 한다. 이들은 이런 방법을 통해 '창의의 시간'을 가져야 한다. 그런데 이렇게만 하면 정말 괜찮은 건가? 햄스터를 쳇바퀴에서 내려놓고 규칙적으로 휴식 시간을 갖도록 하는 것으로 충분할까? 당연히 틀린 방법은 아니다. 하지만 이런 방법은 왠지 뒤끝이 개운하지 못하다. 스트레스를 줄이고 건강을 증진시키려는 모든 수단이, 잃어버린 에너지를 얻거나 다시 생성하려는 목적으로 쓰이기 때문이다. 사람들은 다시 힘을 충전하면 바로 다시 질주해야 한다.

아무것도 '제대로' 하지 않는 것은 분주한 생활에서 어느 정도 긴 기간 동안 거리를 두고 좀더 잘, 좀더 생산적으로 다시 시작

자기화해

하게 하는 행위를 뜻하는 것이 아니다. 그보다는 타인의 결정에서 벗어나 스스로를 만나고, 도중에 중단했던 소망이나 지금껏 해보지 못한 일, 또는 밀쳐냈던 '아니요'를 위한 자유 공간을 만드는 것을 의미한다. 정기적으로 아무것도 하지 않고 가만히 앉아 있는 법을 배운다면 본인이 원했던 것과 마주하는 순간이 온다. 그러면 언젠가는 좀더 큰일에 대해 의문을 품고, 좀더 자주 자신의 의미에 대해 질문하게 될 것이다. '동료의 초대에 응해 만나게 될 사람들이 나에게 정말 중요할까? 다음 단계로 출세할 기회가 정말 중요할까? 그런데 나는 예전부터 일주일에 4일 근무제를 바라지 않았었나? 출퇴근에 매일 두 시간을 허비할 만큼 이 일이 나에게 정말 중요한가? 나는 단지 사람들이 괜찮은 곳이라고 여기는 동네에 살기 위해 비싼 돈을 주고 이 집에서 살아야 되나? 산속에서 휴가를 보내는 대신 카리브해로 여행을 떠나면 내가 더 성숙해질 수 있을까? 아니면 그냥 일주일 동안 발코니에서 휴가를 보내는 것이 좋을까? 휴식을 취한다고 걸핏하면 여행을 떠나고, 여가 시간에조차 쉬지 못하는 수많은 사람들 속에 나도 정말 끼어야 하나?'

자기중심의 수위가 좀더 높은 사람은 더 나아가 휴가를 가는 것 자체가 어떤 의미가 있는지를 묻는다. 『휴가를 떠날 정도로 나는 멍청한 것일까』라는 책의 저자이자 미디어학자 팔코 뢰플러Falko Löffler는 이런 생각에 동조한다. 그는 휴가를 가는 대신 '집돌이'가 되고, 소파와 '연인관계'를 시작해야 한다고 말한다. 지금까지 겪어온 일을 돌아보면 우리는 "여행과 여가를 찾아다니는 끝없는 사냥이 우리를 매우 지치게 할 수 있다"라는 뢰플러의 말이 무슨 뜻인지 알 수 있다. 뢰플러는 사람들이 휴가를 통해 약속받고 싶은 휴식을 제대로 취할 수 있을지 확신할 수 없다고 덧붙인다. 기껏해야 단기간 동안만 휴식을 누릴 수 있을 것이다.

"휴가를 보낸 뒤 다시 집에 돌아오면 모든 것이 그대로입니다. 여전히 같은 일을 하고, 이웃도 같은 사람이며, 같은 삶을 살아야 하죠. 변한 것이라고는 하나도 없습니다. 휴가를 떠나기 전에 신경에 거슬렸던 것은 휴가가 끝난 뒤에도 여전히 당신을 괴롭히죠."

팔코 뢰플러가 진정한 휴식을 위해 제시한 결론은 극단적이다.

"집돌이가 되세요. 영혼이 자유롭게 노닐 수 있도록 비행기를 타고 다른 세상 끝까지 가지 않아도 됩니다. 집에서도 이런 일이 가능하거든요. 게다가 집에서 휴식을 취하면 '삶에서 도망치는 대신에' 삶을 살피고 통제할 수 있다는 장점도 있죠."

'집에 그냥 있자'라는 제안이 모두에게 매력적으로 다가오지는 않더라도 '방 콕'의 아이디어 뒤에는 깊은 뜻이 숨겨져 있다.

즉 휴식을 위해서는 '아무것도 하지 않는 것'이 정말 중요하다는 것이다. 이것은 우리의 두뇌가 매우 특별한 방법으로 활동할 수 있는 평형 상태를 만든다. 이 상태에서는 본질적인 것과 비본질적인 것을 구분하는 일이 가능해진다. 우리는 이미 오랫동안 전념해온 질문과 바람에 열중하고, 진정으로 원하는 것이 무엇인지 알아낼 수 있다. 어느 시기 동안 아무것도 하지 않으면 타인에 의한 결정이 중단되고 스스로의 뜻을 찾아가는 가능성의 공간이 열린다.

아무것도 하지 않기로 결심하는 것만으로는 아직 충분하지 않다고 생각하는 사람을 위해서는 최근 신경학자와 인지학자도 주장한 '의미 없는 일'을 위한 '엄격한' 이론이 준비되어 있다. 앤드루 스마트Andrew Smart는 최근 실시한 뇌연구에서 다음과 같은 결론을 얻었다.

"우리의 정신이 집중적인 활동을 위해 매우 훌륭하게 발전했다고 하더라도 우리의 뇌가 정상적으로 작동하게 하려면 휴식을 취해야 합니다. 그것도 매우 자주 말이죠."

스마트는 계속해서 "뇌를 굉장히 분주하게 사용하는 것은 창의성과 자각, 감정적 행복을 단기적으로 방해하고, 심혈관계에 해를 입힐 수 있다"고 덧붙인다. 심리학자가 규칙적으로 휴식 시간을 가짐으로써 번아웃 증세를 예방할 수 있다고 조언한다면,

스마트는 점심시간에 공원에서 혹은 소파에서 한가롭게 시간을 보내는 것이 뇌를 위해 좋다고 충고한다.

"우리의 연상능력, 기억력, 사고력은 우리 뇌 전체를 연결하는 길을 찾고 새로운 연결점을 형성하기 위해 편안한 영혼을 필요로 합니다."

'시간이 없어' 힘들다면 자신이 무엇을 하면서 시간을 보내는지에 대해 곰곰이 생각해볼 필요가 있다. 시간은 지나가는 것이 아니라 생기는 것이다. 매일 새롭게 말이다. 그리고 우리는 커다란 다람쥐 쳇바퀴 안에서 달리고 싶은지, 아니면 작가 쿠르트 투홀스키가 말했듯이 '허둥대면서 아무것도 안 하는 사람'으로서 하루종일 움직이고 싶은지, 아니면 정말 하고 싶은 일에 집중하고 의미 있는 일을 하는 편이 나은지를 매일 새롭게 결정할 수 있다. 자신에게 시간에 관해 주도적으로 결정할 자유를 줘야 하는 이유가 하나 더 생겼다. 그리고 이것은 게르하르트 폴트처럼 정기적으로 허공을 바라보고, 아무것도 하지 않으며, 무의미한 일을 하는 것을 의미한다.

'하루하루가 스트레스야',
모든 것을 덜 중요하게 생각하기

지난 4주 동안 다음에 쓰여 있는 생각이나 감정을 얼마나 자주
경험했는가?

- 예상치 못하게 일어난 일에 몇 번이나 흥분했다.
- 내 인생에서 중요한 것을 스스로 제어하지 못한다는 생각
  이 들었다.
- 지난 몇 주 동안 굉장히 불안했다.
- 잠을 잘 못 잤다.
- 일이 제대로 진행되지 않는다는 느낌을 받았다.

- 맡은 과제를 더 이상 해낼 수 없다는 생각이 들었다.
- 어떤 일이나 사람 때문에 여러 번 화를 냈다.

'그렇다'라고 답한 항목이 여러 개라면 현재 스트레스가 심하고 휴식과 안정이 필요한 것이다. 같은 클럽의 회원이 된 것을 축하한다! 당신과 비슷한 상태인 사람들이 정말 많기 때문이다. 보험회사 TK_{Techniker Krankenkasse}가 2013년 스트레스에 관한 보고서에서 밝혔듯이, 절반 이상의 독일인이 일상에서 스트레스를 받는다. 1000명을 대상으로 설문조사를 실시한 결과, 전체 응답자의 57퍼센트가 자주 혹은 이따금 스트레스를 받는다고 말했다. 특히 젊은 층의 상황이 좋지 않았다. 2014년 보험회사 DAK_{Deutschen Angestellten-Krankenkasse}가 발표한 건강 보고서를 봐도 25~40세의 스트레스 수치가 매우 높다는 사실을 알 수 있다. 보고서는 젊은 세대가 '인생의 러시아워'에 있다고 설명하면서, 이들이 수많은 중요한 결정을 내려야 한다고 덧붙였다. 사회학자 한스 베르트람도 무거운 경제적 압박과 성과에 대한 높은 스트레스에 노출될 뿐 아니라 직업과 가족이라는 이중 압박을 계속해서 홀로 헤쳐나가야 하는 '지나친 부담을 안고 있는 세대'에 대해 언급한다.

많은 사람이 스트레스에서 거의 벗어나지 못한다. 여가 시간에조차 모든 것에서 완전히 신경을 끄지 못하는 사람도 부지 기수다. 점점 더 많은 사람이 심지어 일하지 않는 기간에도 병이 든다. 주말이면 두통이 생기고, 휴가 즈음에는 감기에 걸리고, 일요일 산책 도중 심장에 문제가 발생하는 식이다. 무려 25만 명에 달하는 사람들이 다른 때도 아닌 여가 시간에 몸에 문제가 생기는 것으로 추정된다. 특히 책임이 큰 자리에서 일하는 사람들이 그렇다. 학계에서는 이를 두고 '여가 병Leisure Sickness', 또는 '휴가 병'이라고 부른다. 여가 병의 원인은 지속적인 스트레스다. 계속해서 압박을 받는 사람은 몸에 많은 무리가 간다. 혈압이 계속 오르고, 휴식기 심박수가 증가하고, 위장장애와 만성적 긴장 상태가 지속된다. 안타깝게도 사람들은 이런 증상을 '이제 드디어 잠깐 쉴 수 있겠구나'라고 생각하는 순간에 비로소 감지한다. 오랫동안 고대하던, 휴일과 이어진 기나긴 주말과 힘들게 얻어낸 휴가는 스트레스를 떨쳐내주는 역할을 더 이상 하지 못한다.

세계보건기구는 21세기 건강을 위협하는 가장 유해한 요소로 스트레스를 꼽는다. 이에 상응하여 스트레스 보고서도 다음과 같은 결론을 내렸다. 자신의 건강 상태가 이전보다 나빠졌거나 심각하다고 생각하는 응답자 세 명 중 한 명은 스트레스를 굉장히 많이 받는 상태였다. 스트레스는 삶의 만족도에도 영향을 미친다. 보고서에 따르면 "자신이 살아온 길과 스스로의 결정에 매우 만족하는 사람들 중 약 15퍼센트만이 스트레스를 받는다. 이 집단의 52퍼센트에 해당하는 사람은 심신이 매우 편안하다고 말한다. 반면 삶에 불만이 있는 사람 가운데 35퍼센트는 지속적으로 압박감을 느끼고, 단지 23퍼센트만이 스트레스 수치가 낮았다".

보고서는 스트레스를 일으키는 원인에 관해 우리가 아는 것과 크게 다르지 않은 결과를 내놓았다. 스트레스를 유발하는 가장 큰 원인은 직장, 학교 등에서 받는 압박과 부담이었다. 특이한 점은 스스로에 대한 높은 기대가 큰 스트레스 요인이라는 사실이다. 보고서에 따르면 특히 여성이 스스로를 압박하는 경우가 많았다.

"여성의 경우 본인 스스로를 압박하는 일이 48퍼센트로, 스트레스 유발 요인의 1위를 차지했다. 남성의 경우에는 세 명 중 한 명만이 이에 해당했고, 자신에 대한 요구가 스트레스 유발 요인이 되는 경우는 여성에 비해 드물었다."

보험회사 TK는 "항상 외적 상황이 긴장을 일으키는 원인은 아니다. 내적 사고방식이 굉장히 흔한 원인이 됐다"고 결론을 내렸다. 여기서 '사고방식을 바꾸면 스트레스가 줄고, 휴식 시간이 늘고, 마음의 안정을 찾을 수 있을까'라는 질문이 생긴다. 스트레스에 대해 다른 태도를 발전시킬 수 있다면, 스트레스를 좀더 잘 다룰 수 있을까?

이 질문에 '예'라고 분명히 답할 수 있다. 최근 많은 연구를 통해 '스트레스에 대한 각자의 반응 양상'과 '스트레스가 미치는 치명적인 영향' 사이에 분명한 연관성이 있다는 사실을 확인할 수 있었기 때문이다. 미국에서 3만 명을 대상으로 지난해에 얼마나 많은 스트레스를 받았는지, 또 이로 인해 얼마나 몸이 상했는지를 조사했다. 그리고 9년 후에 그중 몇 명이 사망했는지를 조사했다. 그 결과 9년 전에 심한 스트레스를 받는 상태이며 스트레스가 건강을 해친다고 여겼던 사람은, 스트레스가 건강에 미치는 영향이 그다지 심하지 않을 것이라고 응답했던 사람보다 43퍼센트 이상 높은 생명의 위험을 안고 있었다. 과거 조사에서 스트레스를 받고는 있지만 이것이 건강을 해치지는 않는다고 생각했던 사람은 사망할 위험이 훨씬 낮았다. 영국에서 진행된 조사에서도 이와 비슷한 결과가 나왔다. 영국의 몇몇 학자는 스트레스가 건강을 해친다고 생각한 사람이 18년 안에 심장마비에 걸린 경우가 50퍼센트나 더 많았다는 사실을 알아냈다. 이들이 일상에서 실제로 얼마나 스트레스를 받는지는 결과에 영향을 끼치지 못했다.

이런 연구는 스트레스 상황을 어떻게 받아들이는지에 따라 스트레스의 영향도 크게 달라진다는 사실을 알려준다. 스트레스 때문에 골머리를 앓고 건강이 위협받는다고 걱정하면, 우리 몸은 경계 태세('도망치든지 아니면 맞서 싸워라!')로 전환하려고 스트레스 호르몬인 코르티솔을 분비한다. 실제로 위험에 처했을 때에는 이런 반응이 도움이 되지만, 그렇지 않은 상황에서도 스트레스를 받을 때가 흔하기에 문제가 된다. 오스트리아 작가 롤란트 뒤링어Roland Düringer가 표현했듯이 이제 "긴 송곳니를 가진 검치호랑이는 멸종했다". 선조와는 달리 오늘날의 우리는 야생 동물이 공격해올 것이라고 끝없이 걱정할 필요가 없다. 하지만 뒤링어에 의하면 우리는 스스로 현대의 검치호랑이를 창조했으며, 그 중심에는 '머릿속의 모든 잘못된 가치'가 자리잡고 있다. 뒤링어에 따르면 현대의 검치호랑이는 '다른 사람이 나를 어떻게 생각할까 늘 고민하는' 잘못된 현상으로 모습을 드러낸다.

'내가 그렇지, 뭐……' 스트레스를 높이는 생각들

심리치료사이자 마르부르크에 소재한 GMK-연구소 소장을 맡고 있는 게르트 칼루차Gert Kaluza는 우리가 어떤 생각을 통해 현대의 검치호랑이를 만들어내고 스트레스 수치를 높이는지 설명했다.

- 부정: '교통 체증 때문에 좀처럼 차가 움직이지 않는다. 예약을 해도 병원의 대기 시간이 너무 길다. 주차하다가 주차장 기둥으로 돌진했다. 직장에서 어이없는 실수를 저질렀다.' 이런 상황에 처했다면 무슨 생각을 하는가? '그럴 수도 있지' 혹은 '심한 일도 아닌데'라는 생각은 하지 말자. 이런 생각은 스트레스의 적이다. 압박감을 늘리고 싶으면 '도대체 어떻게 그럴 수가 있어. 이런 일은 나한테만 일어나. 도무지 이해할 수 없어!'라고 스스로를 고통스럽게 괴롭혀야 한다.

- 일반화: 딱 한 가지 부정적인 상황을 늘 그렇다고 일반화시키기만 하면 모든 것이 순조롭게 풀린다. 이런 전략을 쓰면 하루를 확실하게 망칠 수 있다. 방법은 매우 간단하다. 당신이 한 일을 다른 사람이 비판할 때 '내가 뭐라도 제대로 한 적이 있었던가?'라고 생각하기만 하면, 모든 것은 알아서 스트레스가 된다. 친구가 생일 파티에 당신을 초대하지 않았다면 "역시 날 좋아하는 사람은 아무도 없어"라고 한마디만 내뱉으면 된다. 그러면 우리 몸에서 곧바로 스트레스 호르몬이 분비된다.

- 비관주의: 중요한 과제가 주어졌을 때 과거 성공했던 경험을 떠올리지 마라. 이렇게 하는 것은 스트레스를 줄인다. 그 대신에 최악의 상황을 그려보자. 충분히 대비하지 못해 시험을 망치고, 너무 지루한 강의로 청중을 따분하게 만들고, 심장이 떨려 회사 면접에서 떨어지는 일 등을 떠올리면 된다. 내 실력 같은 건 생각하지 말고, 혹시 일어날지도 모르는 만일의 경우를 상상해보자. 지속적인 노력 끝에 집약적으로 스트레스를 느끼고, 몸에서도 스트레스 반응을 일으킬 수 있다.

- 모든 것을 개인적으로 받아들이는 태도: 어째서 이웃 남자는 나에게 한 번도 인사를 안 하는 걸까? 왜 친구에게서 연락이 안 오는 걸까? 상사는 무슨 이유로 나에게 이토록 많은 업무를 떠넘길까? 이유는 간단하다. 모든 사람이 당신 앞에 장애물을 두고 당신 삶을 힘들게 만들고 싶어 하기 때문이다. 불쾌한 일이 생기자마자 누군가 자기에게 감정이 있어서라고 생각하고는 인생의 장애물을 자기에게만 벌어지는 일로 받아들이고, 이로 인해 압박감을 받는다면 곧바로 스트레스를 강하게 느낄 수 있다. 이에 상반되는 다른 원인을 찾으면(이웃 남자는 기분이 안 좋

앉기 때문에 인사를 받지 않았고, 친구는 휴가를 갔기 때문에 연락이 안 되었고, 상사는 당신의 능력을 특별하게 생각했기 때문에 일을 더 시킨 것일 수도 있다) 스트레스 반응에 제동이 걸릴 수 있다.

스트레스를 조장하는 사고와 행동방식에 대한 이야기는 대체적으로 우리가 얼마나 많은 요구를 받는지 보여준다. 또한 스트레스를 어떻게 받아들이고 어떻게 다루는지에 따라, 스트레스를 극복할 수 있을지 말지가 좌우된다는 사실을 분명하게 보여준다. 안타깝게도 많은 사람들이 실제로 스트레스를 일으키는 원인으로도 모자라 부정적인 생각까지 추가하곤 한다.

호랑이가 사라지면 곧장 안도의 숨을 내쉴 수 있었던 옛 선조와는 다르게, 우리는 결투나 도망 모드에 줄곧 갇혀 있을 때가 많다. 따라서 식물성 신경체계는 지속적으로 위험 단계에 머문다. 그 결과 혈압이 높아지고 맥박이 빨라지고 인슐린이 대량으로 분비된다. 우리 몸은 에너지가 근육으로 더 많이 가도록 소화 과정을 중단하고, 결투와 도망의 호르몬인 에피네프린(아드레날린이라고도 함)도 분비한다. 이 호르몬은 우리를 긴장하게 하고, 지치게 하고, 기분 나쁘게 한다. 불면과 과식과 과음을 유발하기도 한다. 따라서 스트레스를 자제하기로 마음먹었다면 우선 현대의 검치호랑이가 위험하지 않음을 인정하는 일이 가장 중요하다.

동일한 상황이라도 사람마다 완전히 다른 스트레스 반응을 보일 수 있다. 머리 꼭대기까지 화를 내는 사람이 있는가 하면, 비교적 차분하게 반응하는 사람도 있다. 결정적인 차이는 스트레스를 일으킨 요인을 어떻게 평가하는지에 달려 있으며, 이는 각자의 자기관에 따라 좌우된다. 철학자 에픽테토스는 "일 자체가 사람을 불안하게 하는 것이 아니라, 일에 대한 상상과 사고가 사람을 불안하게 한다"고 확신했다. 다른 말로 표현하자면, 거의 일어날 뻔했던 사고와 상사의 비판, 배우자의 나쁜 기분이 위협적인 스트레스를 초래하는 것이 아니라, 그 일을 너무 부정적으로 해석함에 따라 스트레스가 생기는 것이다. 정신신경면역학 영역에서 육체와 정신 간의 연결을 의미하는 소위 마인드 보디 커넥션Mind-Body-Connection에 관한 연구가 발표된 적이 있다. 이 연구는 우리의 생각이 어떤 이유에서 우리를 육체적으로나 정신적으로 병들게 할 수 있는지를 설명한다. 간단히 살펴보자면 육체는 뇌에서 일어나는 일에 반응한다. 즉 육체가 주변에서 일어나는 일에 직접 반응을 보이는 것이 아니다.

기억하라, 당신은 절대 무능하지 않다

우리는 스스로 무언가를 제어하지 못할 것 같은 상황에서 더욱 더 스트레스를 받는다. 직장에서의 무거운 압박감이나 위기 혹은 갈등이 우리를 짓누르는 게 아니다. 상황을 통제하지 못하고 영향력을 행사할 수 없다는 느낌과 생각이 스트레스를 일으킨다. 일상에서 마주하는 스트레스의 대부분은 무엇보다 우리를 정신적으로 지치게 한다. 신랄하고 부적절한 비판, 재정적 어려움, 다른 사람과의 관계에서 오는 문제, 직장 상사나 동료와의 불화, 질병 등의 근심은 장기적으로 육체적 건강에 위험하지만, 무엇보다 정신을 인질로 잡고 생각과 감정을 마구 흔들어놓는다는 점에서 문제다. 근심은 마치 고장난 라디오처럼 머릿속에서 끝없이 맴돌며, 우리를 정신적 긴장의 상태로 몰아가고 집중력도 손상시킨다. 근심이 우리를 볼모로 붙잡고 있는 불안한 감정적 인질극에서 자신을 해방시키고 싶다면, 어떻게 해야 할까?

스코틀랜드 출신의 의사이자 작가 데이비드 위크스David Weeks는 1980년대 행동 면에서 '괴짜'라는 평을 들은 사람들을 연구했다. 이들을 대상으로 다양한 검사와 긴 인터뷰를 진행한 끝에 괴짜들은 주위 사람들과 어울리지 않고, 창의적이며, 호기심이 많고, 자기중심이 강하다는 결론을 얻었다. 위크스에 따르면, 이들은 자기 행동이 올바르고 나머지 세상이 이상하다고 '확신'

했다. 또 다른 주요 특징으로 괴짜들은 다른 사람과 경쟁하지 않고 "특별히 다른 사람의 눈길이나 사회에 관심을 두지 않았다". 또한 이 괴짜들은 평균적으로 8년에 한 번 꼴로밖에 병원에 가지 않았다. 이는 보통 사람들에 비해 굉장히 적은 횟수다.

위크스는 주위와 어울리지 않는 사람들이 이토록 건강한 이유를 '스트레스를 덜 받는 데'에서 찾았다. 이들은 다른 사람이 무엇을 하고 무슨 생각을 하는지, 혹은 상대가 자신을 어떻게 생각하는지에 대해 그다지 많이(혹은 아예) 생각하지 않았다. 괴짜들은 스트레스를 일으키는 일에도 덜 예민하게 반응했다. 이런 일에 그다지 의미를 부여하지 않기 때문이다. 이들은 "내가 웃음거리가 됐나?" "내가 충분히 잘해냈나?" 같은 질문도 전혀 하지 않았다. 자신을 덜 압박하기 때문에 이들의 면역체계는 해야 할 일이 극도로 적었다. 이를 통해 위크스는 '기이한 행동'에 내재된 힘이 삶에서 나아갈 방향을 정해줄 수 있다고 확신했다. 그는 "우리 모두 드디어 천천히 인생을 살아가고 싶어 한다"면서 괴짜들에게 그 방법을 배울 수 있다고 강조한다.

"조롱거리가 될 것을 더 이상 무서워할 필요가 없는 사람은 자기가 먼저 미소 짓고, 다른 사람도 새로운 길을 따를 수 있도록 더 빠르게 동기를 부여합니다. 우리 모두가 괴짜가 될 필요는 없지만 약간만 다르게 살아도 큰 이득을 볼 수 있습니다."

스스로가 옳고 중요하다고 여기면서 살기. 그리고 남이 어떨지에 대해 너무 많이 생각하지 않기. 이런 사고방식은 뛰어난 방패가 되어 우리를 스트레스로부터 지켜준다. 1994년 사망한 의료사회학자 에런 안토노프스키Aaron Antonovsky는 이미 1970년대 후반에 "저항 대책이 없는 사람은 심한 스트레스로 압박을 받으면 병이 든다"는 점을 파악했다. 안토노프스키는 왜 어떤 사람은 매우 극심한 스트레스 상황에서도 건강을 유지하는지, 어떤 방책이 이들을 보호하는지에 큰 관심을 가졌다. 그는 1987년 출간한 『스트레스에 대응하고, 건강을 유지하는 법』에 자신의 연구 결과를 발표했다. 안토노프스키의 말을 빌리자면, 스트레스를 발생시키는 조건에서도 육체적·정신적으로 건강을 지켜주는 것은 통합력이고, 이는 이해력("무슨 일이 일어났는지, 다른 사람이 어떻게 행동하는지를 설명해준다"), 관리력과 제어력("상황과 사람에 영향을 미칠 수 있고, 뭔가를 일어나게 할 수 있다는 느낌이 든다"), 의미 부여("내가 하는 일은 의미가 있으며, 이 일을 위해 노력하는 것은 나 자신에게 좋다")의 세 가지 요소로 구성된다.

안토노프스키는 '자기중심'에 대해 구체적으로 언급한 적이 없지만 '관리력과 제어력'은 분명 자기중심과 관련이 있다. 영향을 주고, 무슨 일을 야기하며, 압박을 받는 어려운 상황에서조차 자기 본연의 통찰을 얻을 수 있다고 느끼는 사람은 피할 수 없는 일상의 부담 아래서도 쓰러지지 않는다. 자기중심적인 사람은 대부분 왜 자신이 무엇을 하거나 하지 않는지 이유를 정확히 안다. 이들은 자신이 애쓰는 일이 그럴 가치가 있는지, 어디에 좋은지를 모른 채 위험을 감수하거나 행동하지 않는다. 자기중심적인 사람이 어떻게 스트레스를 다루는지 구체적으로 살펴보도록 하자.

첫째, '할 수 있다'의 힘은 상상 이상이다. 자기중심적인 사람역시 스트레스를 받는다. 하지만 이들은 스트레스를 다른 방식으로 대한다. 바로 자기효능적으로 말이다. 자기효능감이란 안토노프스키가 '관리력과 제어력'이라고 표현한 것과 동일한 개념이다. 자기효능적으로 생각하고 행동하는 사람은 "내가 이 상황을 적절하게 다룰 수 있을까? 내가 이 상황을 해결할 능력이 충분하다고 믿을 수 있을까?"라는 질문에 대해 긍정적으로 답함으로써, 매번 일어나는 도전에 스트레스를 덜 받는다. 속수무책으로 '나는 이 일을 해내지 못해!'라고 생각하는 사람과 확연히다른 것이다. 자기효능감은 얼마나 많은 동기와 확신을 갖고 과제와 도전에 접근하는지에 영향을 미친다. 자기효능감이 높은사람은 낙천적인 생각을 갖고 어려운 문제나 과제에 접근한다. 이들은 절망하거나 무기력에 빠지지 않고, 외부 세계의 일(외적

자기화해

자기효능감)뿐 아니라 내적 세계, 즉 감정(내적 자기효능감)도 통제할 수 있다고 확신한다.

의료사회학자 레너드 펄린Leonard Pearlin은 두 가지 중요한 이유에서 자기효능감을 '통치력'이라고 부른다. 자신이 삶을 통제한다고 믿는 사람은, 항상 최악의 상황을 염두에 두는 사람보다 훨씬 더 강한 확신을 갖고 산다. 또한 아무리 어려운 상황이라도 잘 해결할 수 있다고 믿는 사람은, 그렇지 못한 사람보다 실제 도전에서 입는 피해도 적고 문제도 잘 극복한다. 자기효능감의 좋은 예로 가수 마돈나의 일화를 들 수 있다. 영화감독 앨런 파커가 그녀에게 영화 〈에비타〉의 주인공 역할을 맡기려 한다는 소문이 돌자 마돈나는 감독에게 편지 한 통을 보냈다. 그녀는 편지에서 왜 자기만이 그 역할을 맡을 수 있는지, 자기에게 어떤 재주와 능력이 있는지, 다른 후보자보다 어떤 점이 우세한지를 썼다. 알다시피 편지는 효과가 있었고 마돈나는 〈에비타〉의 주연으로 발탁됐다.

둘째, 한 가지 일을 너무 오래 생각하지 말자. 새로 나온 연구를 보면 자기중심적인 사람은 자신에 대해 끊임없이 생각하거나 반성하는 경향이 없다. 부정적인 경험이나 스트레스의 순간을 반복적으로 떠올리지 않음으로써 그것이 깊이 뿌리를 내리고 악화되는 상황을 피한다. 미국 심리학자 이선 크로스Ethan Kross

는 한 발 뒤로 물러나서 거리를 두고 자신을 바라볼 줄 아는 사람은 그렇지 않은 사람보다 실패에 더 잘 대처할 수 있다는 사실을 입증했다. 이들은 스트레스를 높이는 부정적인 상황에 꼼짝없이 잡혀 있지 않는다. 크로스는 이것을 다음에 소개하는 예시에서 보여준다.

톰이라는 남성이 한 여성의 매력에 빠져 있다. 그는 드디어 마음먹고 용기를 내서 말을 걸어보지만 매몰차게 거절당한다. 이제 톰은 힘이 쑥 빠져나가는 이런 치욕적인 순간을 머릿속에서 반복적으로 겪는다. 그는 비참한 장면을 계속 떠올리면서, 이 일과 관련된 모든 불쾌한 감정이 다시 위로 솟구치는 것을 느꼈다. 톰은 자신이 모욕과 배신을 당했다고 여기고, 용기가 꺾이고 상처받았다고 느낀다.

이때 톰이 '내가 지금 느끼는 감정은 무엇이지?' 같은 스스로를 괴롭히는 질문이 아니라 '무슨 일이 일어났지? 어떻게 일이 이렇게 됐을까? 여기서 무엇을 배울 수 있을까?'라는 질문을 한다면, 희생자 역할에서 벗어날 수 있다. 거리를 두고 자신의 경험을 바라보는 일은 스트레스에 대처할 수 있는 능력을 길러준다. 자기중심적인 사람은 한 가지 일을 오랫동안 되새김질하지 않는다. 이들은 스트레스가 일어난 상황에 '찰싹 붙어 있지' 않는다. 요컨대 자신에게 더 많은 것을 요구함으로써 스트레스를

자기화해

추가로 불리지 않는다. '이렇게 했어야 하는데. 이래야만 했다고. 나에게 이런 일이 일어나다니' 같은 생각은 하지 않고, 모든 것을 자신이 통제해야 했다고 기대하지도 않는다. 또한 어려운 일도 해결 가능한 도전이라고 보며, '내가 살아오는 동안 해결한 문제가 어떤 것들이 있었지?' '어디에서 성공을 거두었지?' 같은 생각을 하면서 자신이 어떤 능력을 지니고 있는지를 떠올린다.

셋째, 모든 사람을 만족시킬 필요는 없다. 자기중심적인 사람은 스트레스를 받거나 예상치 못한 놀라운 일이 발생했을 때 잘못된 생각을 하면서 혼란에 빠지지 않는다. 인지치료의 창시자 에런 벡이 이름 붙였듯이 이들은 '우울함의 인지적 삼화음'에 걸리지 않는다. 이는 어떤 일을 너무 개인적으로 받아들이지 않고, 일반화하지 않고, 대형 참사로 꾸미지 않는다는 뜻이다. 이들은 숨을 죄어오는 상황을 개인적인 실패로 여기지 않는다. 또한 이런 일이 자신의 능력 부족 때문이며 미래에도 이런 불운이 따라다닐 것이라는 생각 따윈 하지 않는다.

자기중심적인 사람은 흑백논리를 좋아하지 않는다. 이들은 스트레스 상황에서 작동하는 무엇인가에 주의를 기울인다. 또한 스트레스 상황을 참사로 과대포장하는 대신, 상황이 통제되고 일이 지나가면 어떻게 될지를 상상해본다. 이들은 '최악의 상황에서 무슨 일이 일어날까?' '최악의 상황은 나에게 얼마나 심한 영향을 끼칠까?'와 같은 질문을 하면서 상황에 대비한다. 더불어 모든 사람을 만족시키려 노력하지도 않는다. 이들은 본인을 우선으로 생각하고 자신의 일을 먼저 챙긴 다음에 다른 사람을 신경 쓴다. 자신이 정말로 원하는 것만을 하기에 스트레스를 받거나 남에게 이용당한다는 생각에 고통받지 않는다.

넷째, 위기에만 시선을 고정해서는 안 된다. 단순히 위기에만 시선을 고정하는 일은 위험하다. 그런데 위기에 처했을 때 '내 삶에서 좋은 것은 무엇일까? 아직 남아 있는 것 중 어떤 것에 의존할 수 있을까?'라는 질문을 하는 사람은 거의 없다. 대부분 삶에서 어떤 특정한 하나의 상황을 일반화하여 위기에 처한 자기 모습만 보고 전체를 보지 못한다. 그러다 보니 이 위기가 영향을 끼치지 못한 모든 면을 눈에서 놓치고 만다. 아직 남아 있는 좋은 것을 알아차리고, 위기 극복에 활용할 줄 알아야 한다. '비록 직장은 잃었지만 나는 건강해. 당분간은 친구들을 의지해도 되고' '애인은 떠났지만 내게는 나 자신이 있잖아. 또 능력도 있고. 재밌는 것도 얼마나 많아'라는 태도가 필요하다.

다섯째, 비극에서조차 의미를 찾을 수 있다. 끔찍한 강제수용소에서 살아남은 언어치료의 창시자 빅토르 프랑클에 의하면 '의미에 이르는 세 가지 주요 도로'가 있다. 첫 번째는 자연이나 다른 사람을 의식하는 것이다. 이들이 단 한 번만 존재하는

　　　　　　　　　　　　　　　자기화해

유일한 존재임을 날마다 인식하고, 자신의 생에 남아 있는 모든 날을 선물이라고 생각한다. 두 번째는 어떤 일에 완전히 몰두하여 기쁨과 창의성을 담아 해낼 수 있다면 의미 있는 인생을 산다고 할 수 있다. 그리고 세 번째는 어떤 것을 바꿀 수 없다는 사실을 받아들이면 비극에서조차 의미를 찾을 수 있다. 기쁜 일이든 슬픈 일이든 인생에서 다가오는 어떤 것이든 받아들이는 일은 모든 사람이 언젠가는 마주칠 도전이다. 상황이 악화되고, 비극적인 사태가 발생하고, 실망에 빠지는 일은 언제나 존재한다. 사회학자 브루노 힐덴브란트Bruno Hildenbrand가 정리했듯이, "인간이 천국에서 쫓겨난 이후 시련과 함께하는 것, 항상 같은 일은 없다는 것이 사람들의 인생에서 일상이 됐다". 자기중심적인 사람은 이를 잘 안다. 그래서 이들은 시선을 앞으로 향하고 자신을 위해 정진하는 과정에서 늘 의미를 발견할 수 있다.

'이제 한계야, 더 이상은 못 하겠어', 일단정지!

삶에 자기중심이 결여되어 있으면 앞서 이야기했듯이 많은 상황에서 자신이 무력하다거나 남들이 자신을 이용한다고 느낄 때가 많다. 실망과 의기소침이라는 고통스러운 기본 감정이 항상 따라다닐 것이 분명하다. 이 감정은 점점 거대해져서 무거운 납처럼 삶을 억누르고 모든 에너지를 빼앗아갈 수 있다. 이런 상태가 되면 도대체 삶에 어떤 의미가 있는지 고민하게 되고, 누구 또는, 무엇을 위해 이토록 애쓰는지 스스로에게 묻게 된다. 주변 사람에게 짜증을 부리는 일이 잦아지고, 연인이나 아이에게 인내심을 보이기 힘들어지고, 다른 사람과 자신이 하는 일은 물론 사회를 점점 더 냉소적인 눈길로 바라보게 된다. 더불어 다른 사람과 만나지 않아도 되는 일에 점점 더 기뻐한다. 주말에 사람이 모이는 사회적 행사에 가는 것을 피하고, 친구를 집에 초대하는 일도 점점 줄어든다. 어떤 일을 하는 것에 아무런 흥미도 관심도 재미도 느끼지 못한다.

이런 상태가 지속되면 점점 더 아무것도 하기 싫어진다. 직장에서도 일과 회사에 대한 기여도가 줄고, 꼭 필요한 일만 하게 된다. 그마저도 온 힘을 다해야만 겨우 해낼 수 있다. 결과적으로 성공을 경험하지 못하고, 자신의 삶을 점점 통제하기 어렵다고 느낀다. 자존감이 계속 떨어지고 자신을 점점 믿지 못하게 되면서 심한 경우 스스로를 실패자라고 생각한다. 시간이 지나면서 허리통증, 몸살, 편두통, 잦은 감기, 심장 문제, 위장 문제 등 여러 가지 건강상의 문제가 나타나지만 의사는 뾰족한 원인을 찾지 못한다. 이 모든 변화의 원인은 몸의 배터리가 다 나갔기 때문이다. 당신은 지쳤고, 힘을 다 써버렸다. 활력과 호기심, 성취감도 많이 감소했다. 예전에는 주말에 쉬거나 짧게 휴가를 다녀오면 다시 힘을 낼 수 있었지만, 이제는 이런 짧은 휴식으로는 재충전할 수가 없다. 또한 예전에는 운동, 음악 감상, 독서와 같은 활동으로 잃어버린 힘을 다시 불러올 수 있었지만, 이제는 불가능하다. 이 모두가 자신의 이야기처럼 들린다면 당신은 의

심할 여지없이 번아웃 증세를 일으킬 조건을 다 갖추고 있는 것이다.

- [ ] 높은 열의를 갖고 일하지만 너무 인정받지 못한다고 느낀다.
- [ ] 주말과 저녁에도 일을 할 뿐 아니라, 아플 때에도 일을 멈추지 않는다. 의사에게 갈 시간이 없다는 핑계를 대며 꼭 필요할 때에도 병원을 찾지 않는다.
- [ ] 회사에 고용됐지만 마치 자영업자처럼 행동한다. 즉 자신이 지지 않아도 될 책임까지 져야 된다고 느낀다.
- [ ] 하루 일과에 쉬는 시간을 포함시키지 않는다. 점심시간조차 건너뛰고 책상 앞에서 서둘러 밥을 먹는 경우가 많다.
- [ ] 한꺼번에 많은 과제를 처리해야 한다고 생각한다. 그러고는 동료나 상사, 가족, 친구가 자신을 너무 안 도와준다고 불평한다.
- [ ] 친구를 만나고, 극장에 갈 마음이 생기지 않는다. 너무 피곤한 탓도 있지만, 그 시간을 더 효율적인 일에 활용할 수 있다고 믿기 때문이다.
- [ ] 저녁에 긴장을 풀기 위해서 술이나 안정제를 먹고, 아침에는 다시 하루를 시작하기 위해서 커피와 각성제를 복용한다.
- [ ] 삶에 대한 통제력을 잃었다고 생각하는 일이 잦다.

2013년 보험회사 TK가 발표한 보고서에는 "적지 않은 수의 사람이 번아웃 증후군에 걸릴 실질적인 위험에 처해 있다"라는 내용이 들어 있다. 조사에 의하면 응답자 중 40퍼센트에 이르는 사람이 회사일로 인해 완전히 힘이 빠진 느낌이 든다고 대답했다. 33퍼센트는 자신이 이미 번아웃에 걸렸다고 여겼고, 22퍼센트는 지난 3년 사이에 우울하다고 느끼거나 불안장애를 겪은 적이 있다고 답했다. 최근 몇 년 동안 번아웃에 관한 많은 연구가 진행되었고 보고서도 나왔다. 이런 자료들은 모두 한목소리로 특히 성공을 거두고 업무수행능력이 좋은 사람이 직장에서 요구하는 많은 일로 언젠가는 힘을 소진하고, 정신적·육체적 건강이 무너질 위험에 놓인다는 점을 지적했다. 자신을 위해 무엇인가를 하고 싶지만 늦은 밤에만 겨우 피트니스 클럽에 갈 시간이 있는 미슐랭 별 세 개짜리 레스토랑의 셰프부터 연구와 공부에 매진하다 보니 더 이상 사생활을 알지 못하는 학자, 훈련과 시합에서 더는 할 수 없다고 느낄 때까지 최선을 다해야 하는 프로 운동선수까지. 번아웃은 업적을 쌓아올려야 하는 사람과 성공의 가도를 달리는 사람의 병으로 불린다. 이들은 탈진을, 자신이 무엇인가를 열심히 한다는 증거로 기꺼이 받아들이고 싶어 한다.

하지만 번아웃이라는 질환을 바라보는 이런 관점은 단지 빙

산의 일각만 비추는 것에 불과하다. 위험에 처한 대부분의 사람은 어둠 속에 가려져 있다. 이들은 가족과 직장을 위해 항상 뛰어들 준비를 갖추고, 모든 것을 제대로 해내려고 애쓴다. 이들은 대부분 자신의 능력치를 넘어섰다는 것과 인내심이 바닥났다는 것, 자신의 힘을 주의 깊게 비축해야 한다는 것을 너무 늦게야 깨닫는다.

예를 하나 들어보자. 많은 직장인은 휴가가 방해받지 않는 시간이 아니라는 사실을 깨달았을 것이다. 이들은 사무실과 떨어져 있을 때조차 일에서 완전히 신경을 끊을 수 없다. 얼마 전부터 많은 사람들이 노트북이나 스마트폰을 이용해 휴가지에까지 일을 가져가게 되었다. 유럽 전체를 대상으로 온라인상에서 진행한 설문조사에서 4491명의 독일인 중 61퍼센트가 휴가지에서도 회사의 메일에 답장한다고 응답했다. 응답자 중 절반은 심지어 거의 매일 새로운 메일이 왔는지 확인한다고 답했다. 메일을 확인하라는 사장의 지시를 받은 사람은 거의 없었다. 대부분 자신이 원해서 그렇게 했다. 휴가에서 복귀한 후에 쌓인 메일을 처리하느라 스트레스를 받고 싶지 않다는 것이 주된 이유였다. 회사일이 어떻게 돌아가는지를 알아야 속이 편하다고 말한 사람도 있었다.

이런 설문조사는 직장 생활이 개개인의 사적 공간을 점점 좁

자기화해

아지게 한다는 것을 보여주는 작은 징후에 불과하다. 그 결과가 얼마나 엄청날 수 있는지는 최근 의료보험과 연금보험 재단의 통계를 보면 알 수 있다. 통계에 따르면 직장인이 우울증과 불안장애, 만성피로 같은 정신적 문제로 병가를 내는 횟수가 점점 늘어나고 있다. 이와 더불어 점점 더 많은 직장인들이 정신적 질환으로 조기 은퇴를 한다. 2014년 통계에 의하면, 조기 은퇴한 사람의 숫자는 10년 사이에 2만 5000명에서 7만 5000명으로 증가했다. 조기 은퇴한 사람의 평균 나이는 겨우 49세에 지나지 않았다. 언론사 DPA Deutsche Presse-Agentur는 이런 충격적인 데이터가 발표됐을 무렵, "번아웃이 새로운 현상은 아니지만 마치 물 위를 떠다니는 기름 얼룩처럼 점점 퍼져간다"라는 기사를 썼다.

번아웃에 걸린 사람은 자신의 업무와 일의 진행 과정을 스스로 결정하지 못하고, 노력에 비해 너무나 인색한 인정을 받고, 업무 중에 전화 통화나 메일 혹은 진상 고객을 상대하는 일로 방해를 받는다고 말하는 경우가 많다. 이들은 자신에게 남겨진 유일한 선택지는 사직서를 쓰는 일뿐이라고 생각한다. 심리분석가 라이너 그로스 Rainer Gross는 오스트리아 빈 근처의 홀라브룬 주립병원의 사회심리학 병동을 이끌면서 번아웃 환자에 대해 많은 경험을 쌓았다. 그는 『직장에서의 불안: 일에 대한 두려움』에서 직장인에게 행동의 가능성은 "최소한으로밖에 주어지지 않고, 결국 직장인은 기본적으로 수동적인 태도를 취하게 된다"는 사실에 동의했다. 대부분의 사람들은 '방어적으로' 대응한다. 그로스는 "제가 테니스를 잘 친다는 걸 아시죠? 저는 새로운 직장에 있다 보면 제가 언제나 수비수에 지나지 않는다는 생각이 들어요. 먼저 공격할 기회가 아예 오지 않아요. 그러다 보니 점점 더 실수를 많이 하고, 언제부턴가는 단념하고 말았죠"라고 고백한 한 환자의 말을 인용한다. 매번 상황에 대처만 하고 스스로 나아갈 방향을 결정하지 못하는 경험은 번아웃의 위험을 뚜렷하게 높인다. 반대로 몇 번이고 공격수로 서다 보면 번아웃에 걸릴 위험이 낮아진다.

손에서 놓쳐버린 통제력을 다시 찾아오는 일이 중요하다. 또한 아무런 영향을 끼칠 수 없는 상황에서조차 자신을 행동하는 사람으로 경험하는 일이 중요하다. 직장에서 주어진 상황에 어떤 입장을 취할지, '성공'과 '출세', '인정', '반박하기'와 같은 주제에 얼마나 가치를 두는지는 각자가 결정할 수 있다. 라이너 그로스는 말한다.

"높은 성과를 내라고, 힘을 소진하라고 닦달하는, 우리 인생의 적은 나쁜 사장이나 고삐 풀린 경제뿐만이 아닙니다. 이미 내면화된 적은 우리 마음속 깊게 자리잡고 있습니다."

자기화해

두려움이 이런 적이다. 실수할 수도 있고, 다른 사람의 눈밖에 날 수도 있으며, 직장을 잃을 수도 있고, 자기의 기대치에 다다르지 못할 수도 있다는 두려움. 이런 두려움을 허용하고, 이에 대응하는 사람만이 번아웃에 대한 예방책을 발견할 수 있다. 자기중심은 몸에서 힘이 다 빠져나가는 일이 없도록 우리를 보호한다. 이는 직장에서 많은 지시가 쏟아져내리고, 종종 아무런 의미 없는 명령에 허둥지둥댈 때 특히나 큰 도움이 된다. 독단적인 방책과 일관성 없는 계획에 감히 덤비는 사람은, 상대하기 힘든 환자나 불친절한 고객과도 경계선을 그을 수 있다. 주위에 순응하려는 동료보다 에너지를 더 천천히 쓰게 되고 힘이 완전히 소진되는 경우도 드물다.

자신이 지금 완전히 지쳤다고 느끼는 것은 자기중심이 없다는 신호일 수 있다. 자기중심이 있다면 지금과 같은 부당한 요구를 처음부터 받지 않았을 것이고 적어도 위험한 수준에까지 이르지는 않았을 것이다. 번아웃의 위험이 매우 높은 사람을 보면 자기중심이 부족하다는 것을 한눈에 알아볼 수 있다. 의사와 심리학자는 번아웃에 걸린 사람의 특징을 다음과 같이 정리했다.

- 의욕이 넘치고, "아니요"라고 말하는 것을 힘들어하며, 제한이나 부담을 주는 규정을 무시하지 못한다.

- 다른 사람에게 싫은 말을 못 하고, 적절한 시기에 경계선을 긋지도 못한다.
- 의무감이 강한 데다 마음속에서 닦달('너 이것 해야지!') 을 함으로써 자신을 엄하게 대한다.
- 부당하게 요구받은 일도 운명이라며 수동적으로 받아들이고, 맞서는 대신에 마음속으로만 사직서를 내곤 한다.
- 다른 사람이 기대하는 것은 무조건 이루어져야 한다고 믿고, 그러지 않으면 다른 사람이 자신을 거부할까봐 두려워한다.
- 항상 자신을 다른 사람과 비교하고, 이 과정에서 자신을 실제보다 낮게 평가하는 성향이 있다.
- 실패나 실수를 저지른 뒤에 이를 골똘히 생각하면서 몇 주가 지나도록 자신을 책망하곤 한다.
- 직장에서 맡은 일에 기쁨을 느끼고 마치 자영업자처럼 굴면서 자발적으로 너무 많은 것을 책임지려 한다.

다시 말해 수동적이고 순응적이며 너무 관대하고 친절하며 배려심과 참을성이 많은 사람은, 부담스러운 상황에 맞서 자신과 자신이 원하는 것을 지키려는 사람보다 번아웃에 걸릴 위험이 높다.

모든 것을 다 잘할 수 없다, 그럴 이유도 없다

번아웃에 걸릴 확률이 높게 측정된 사람은 가끔씩이라도 적당한 정도로 불응하는 행동을 해야 한다. 예를 들어 지시를 그대로 받아들이는 대신 그 의미를 꼼꼼히 따져본 다음, 무의미하고 부당해 보이는 지시는 무시하며, 모든 지시를 즉시 처리하지 않는 것이다.

하지만 '복종하지 않는' 직원이 되면 상사에게 미운 털이 박히는 것은 아닐까? 불편한 사람으로 분류되는 것은 아닐까? 심리학 석사 마리-루이즈 코넨Marie-Louise Conen은 사회적 영역인 직장에서 발생하는 번아웃 문제를 다루었다. 코넨은 상사의 체면만 지켜주면 이들은 일반적으로 자기중심적인 직원을 감수한다고 말한다. 유능한 상사는 함께 생각하고, 스스로 결정을 내리는 직원이 이익을 창출할 수 있다는 사실을 잘 안다. 그런데 직장에서 자기중심적으로 생각하고 행동하는 것은 구체적으로 무엇을 의미할까? 일자리를 잃을 위험 없이 어느 정도까지 자기고집을 세울 수 있을까? 자신이 직장에서 발언권도 없고 동료나 상사의 꼭두각시인 것처럼 느끼는 사람은 중요한 시점에 좀더 자기중심적으로 행동하는 것을 연습해야 한다.

첫째, 남이 요구하는 것을 다 할 필요는 없다. 직장에서는 갈등이 생기는 경우가 드물지 않다. 상사의 지시를 따르고 싶은 마음과는 다르게 본인이 경험한 바나 직감에 따라 "그렇게 해서는 절대 안 됩니다"라고 말해야 할 때가 있다. 찬반토론은 종종 결론 없이 끝난다. 신경 쓰고 싶지 않고 힘도 아끼고 싶다면 내면의 자유와 양심에 비추어 행동하는 것이 훨씬 더 의미 있을 때가 많다. 마리-루이즈 코넨은 "직원이 자신의 일에 필요한 자유를 누리게 하고 싶다면 순종을 바라기보다는 쓸데없어 보이는 지시와 규정, 훈련을 어느 정도 느슨하게 풀어주는 편이 마땅하다"라고 설명한다.

둘째, 우선은 생각할 시간을 마련하자. 상사, 동료 등 다른 사람이 당신에게 더 많은 짐을 얹어주려고 하는 데는 이유가 있다. 바로 자기 짐을 덜고 싶기 때문이다. 이들은 하기 싫은 일을 피하려고 하고, 책임지는 것을 두려워한다. 이들은 당신이 더 능력이 뛰어나다고 여긴다. 이런 배경에 어떤 이유가 숨어 있는지 빨리 간파하지 못하는 경우가 종종 생긴다. 그래서 우선은 생각할 시간을 마련하는 것이 번아웃을 막는 영리한 전략이다. 이를 위해서는 문서, 사건 등이 곧장 자신의 책상에 올라오지 않도록 친절하게 언질을 주어야 한다. "제가 그 건까지 할 수 있을지 우선 생각해보고, 일정표도 확인해야 할 것 같아요"라며 필요한 여유를 확보한다. 그리고 '할 일이 얼마나 많을까? 이 건을 맡아서 잘할 수 있을까? 내가 정말 이 일을 맡고 싶은가? 무슨 말로 제안을 거절할까?' 등을 천천히 생각하자. 다음 규칙을 따르면 도움이 된다. 즉 누군가 당신에게 어떤 일을 대신 할 수 있는지 물으면 우선 시간을 얼마나 쓸 수 있는지를 생각하고, 그 시간을 절반으로 줄인다. 하루를 다 쓸 수 있다고? 그러면 반나절만 쓸 수 있는 것으로 계산한다. 그다음에는 새로운 업무에 얼마나 시간을 써야 할지에 대해 생각한다. 그리고 그 시간의 두 배를 들인다고 생각한다. 그러고는 일을 맡을지 말지를 결정한다. 그 후에 일거리를 맡길 사람과 대화하면, 자신이 결정권을 손에 쥐고 있음을 분명히 느낄 수 있을 것이다.

셋째, 나 자신을 칭찬할 줄 알아야 한다. 스스로를 칭찬하는 일은 대부분의 사람들에게 쉽지 않다. 많은 사람이 자신을 크게 선전하는 일에 거부반응을 보인다. 하지만 자기와 자신의 능력이 자랑스러우면 다른 사람에게 전달해야만 한다. 동료와 상사는 많은 시간과 에너지를 투자하고, 아이디어가 훌륭해야 프로젝트가 성공한다는 것을 안다. 내가 어떤 일을 멋지게 해냈다면 다른 사람도 이를 알아야 한다. 자신감을 갖고 내가 해낸 것에 대해 말하자. "제가 바로 이 일을 해낸 사람입니다." "제 아이디어가 옳았다고 판명됐어요." 이런 식으로 말한다고 해서 호감을 얻지 못하는 것은 아니다. 정반대로 사람들은 당신이 그럴 만한 자격이 있다며 존중해준다. 이는 다시 새로운 동기를 얻기 위해서도 필요한 일이다.

넷째, 내가 받는 압박감을 공개한다. 번아웃에 걸릴 위험이 있는 사람의 전형적인 행동은 자신의 업적을 다른 사람이 인정할 기회를 주지 않는 것이다. 이들은 자신이 비현실적인 기대까지 충족시킬 수 있을 듯이 행동하면서, 이것을 이루지 못하면 큰 문제로 비약해서 생각한다. 또 야근이나 주말 근무를 통해서라도 과제를 해내려고 노력한다. 자기중심적인 사람은 그렇지 않다. 자신이 받는 압박감과 화해하지 않고 거기에 대해 얘기함으로써 저항한다. 이들은 부당한 요구를 공개하고 자신이 야근을 얼마나 했는지를 공개한다. 너무 피곤하다고 느끼면 병가를 낸다. 이들은 마리-루이즈 코넨이 자기보호 전략이라고 부르는 '내려놓기, 기다리게 하기, 책상에 그대로 두기' 등의 방법을 통해 번아웃에서 스스로를 지킨다.

다섯째, 멀티태스킹을 거부한다. 앞서 살펴보았듯이, 최대한 많은 것을 한꺼번에 해내려고 애쓰는 것과 모든 새로운 신호에 반응하고 다른 사람을 위해 자신의 일을 중단하는 것은 비생산적이다. 멀티태스킹은 해내야 하는 일만 못 하게 하는 것이 아니다. 이것은 집중력에 영향을 미쳐서 효율성을 떨어뜨린다. 하루 근무 시간인 여덟 시간 안에 되도록 많은 일을 하려고 하는 사람은 점점 더 불안해하고, 집중력이 떨어지며, 그러다가 언젠가 병이 난다. 재촉, 마감, 멀티태스킹, 산만함은 업무와 삶의 질을 크게 낮춘다. 노동의 질이 떨어지고 집중력은 약해지는 한편 스트레스와 피로는 극심하게 증가한다. 장기적으로 멀티태스킹은 주의력과 집중력을 떨어뜨리고, 나쁜 결정을 하게 만든다. 수면의 질도 떨어뜨리고, 알코올과 단것 등 건강에 좋지 않지만 위로가 되는 음식을 섭취하게 한다. 뇌과학자 에른스트 푀펠은 멀티태스킹이 생각도 변형시킬 수 있다고 경고한다.

"멀티태스킹은 실제로 정신분열적, 단편적 사고방식을 조장하기 때문에 긍정적인 점이라고는 전혀 찾아볼 수 없습니다. 의식은 각각의 내용을 더 이상 의미 있게 재현하지 못하고 심지어 아예 처리할 수조차 없습니다. 우리는 기초가 단단하거나 심화된 지식을 쌓을 수 없습니다. 장시간 멀티태스킹을 하다 보면 주의력이 약해지고, 말 그대로 엉뚱하게 에너지만 소모하고, 집중력도 떨어집니다."

여섯째, 하향 조정을 한다. 근무 시간을 줄이는 것만으로도 번아웃에 걸릴 위험을 꽤 줄일 수 있다. 일주일에 다섯 시간만 적게 일하거나 '더 이상 야근은 안 해' 혹은 '매일 한 번씩은 충분한 휴식 시간을 가져야지'처럼 실천하기 쉬운 일을 결심하는 것은, 자기가 가고자 하는 방향을 향해 첫걸음을 내딛는 것이다. 어떤 사람은 승진을 포기하고는 보수는 좀 적지만 더 중요해 보이는 일을 하기로 결정하거나, 회사와 협의해서 재택근무를 하기도 한다. 여가 시간과 가족과의 삶, 개인의 자유와 같은 이상적 가치를 위해 물질적인 것을 포기하는 셈이다. 이렇게 함으로써 사람들은 숨 쉴 공간을 마련하는 동시에 자신을 억누르는 노동의 조건과 건전한 거리를 유지한다.

일곱째, 올바른 자율성을 지향한다. 오늘날 회사는 직원에게 과거 누리지 못했던 자유를 점점 더 많이 제공하고 있다. 또한 "당신이 일을 어떤 방식으로 처리하는지는 상관없습니다. 중요한 것은 기한 내에 기대치에 맞는 결과를 가져오는 것입니다"라는 좌우명에 따라 더 많은 자율성을 허락한다. 올텐응용과학전문대학의 경제심리학과 교수 안드레아스 크라우제Andreas Krause는 이런 노동 조건이 처음에는 긍정적으로 들리지만 사실은 직원의 어깨에 굉장히 많은 책임을 지운다고 말하면서 이를 '간접적 조정'이라고 부른다.

"직원은 스스로 언제 어떻게 업무를 할지 직접 살펴야 합니다. 난관에 부딪힐 경우 어떤 지시 사항도 듣지 못하기 때문에 일하는 것이 더 힘듭니다."

이런 노동 환경에서 일하는 사람은 이것이 완전히 새로운 상황이라는 것을 뚜렷하게 인식하지 못할 때가 많다. 크라우제에 따르면 사람들이 이런 점을 생각하지 못하면 '스스로를 위험에 빠뜨리는 흥미로운' 상황이 벌어진다. 상사가 요구하지 않는데도 자신을 스스로 혹사시키는 것이다. 직원이면서 마치 경영자처럼 일하는 사람은 '회사의 경영자가 원하는 것은 무엇일까?'와 같은 질문에서 벗어나야만 한다. 크라우제는 이런 질문 대신에 '새롭게 얻은 자기 책임에 더 충실할 것'을 추천한다. 다시 말해 '자율성을 실천하려면 확실하게'라는 좌우명을 따르는 것이다.

'더 잘해야 해, 더 잘돼야 해', 완벽과의 작별

"어서, 일어나! 눈뜨자마자 곧장 운동화를 신고 조깅을 하러 뛰어나가거나 적어도 요가 연습을 하려고 했던 것 아니야?"

이른 아침부터 마음속에서 스스로를 닦달하며 거창하게 세운 계획을 떠올린다. 하지만 사실은 푹신한 베개에 머리를 대고 좀더 누워 있고 싶다. 그러면 머릿속에서 온통 난리가 난다.

"결심은 무슨 결심! 너는 게으른 낙오자야. 계속 이러다가는 머지않아 뚱뚱해지고, 병들겠지!"

결국 이른 아침부터 기분이 상한다. 하지만 이것은 시작에 불과하다. 당신은 하루를 보내는 동안 마음의 소리를 떼어놓을 수

자기화해

없기 때문이다. 마음의 소리는 잠자리에 들 때까지 당신을 따라다니며, 당신이 하거나 혹은 하지 않은 모든 것에 토를 단다. 정기적으로 몸무게를 재지 않는다고, 커피를 너무 많이 마신다고, 약속 시간에 정확하게 나가지 않았다고 잔소리를 해댄다. 이뿐만이 아니다. 직장에서 당신이 충분히 노력하지 않는다고 거짓말을 하면서 상사와의 대화 중에 내뱉은 어처구니없는 실언을 계속 상기시킨다. 이 내면의 목소리는 연로하신 엄마와 통화할 때 말투가 친절하지 않았다고 지적하고, 당신의 아이가 이웃집 아이와 같은 재능이 없다고 투덜거린다. 당신은 마음속에 늘 이런 비판가를 데리고 다닌다. 이 비판가는 당신과 시비를 가리기 위해 법정에 가고, 결코 만족하지 못해 선동질을 해댄다. 당신은 기껏해야 중간 정도라고 하면서 지금까지 만족할 만큼 훌륭했던 적이 한 번도 없었다고, 다른 사람이 당신보다 훨씬 완벽하다고 말한다.

오늘날 많은 사람들이 자신은 충분하지 않다는 느낌을 받는다. 다른 사람이 돈을 더 잘 벌고, 더 멋진 휴가를 즐기고, 더 인기 있고, 더 큰 성공을 거둔다. 반대로 자신은 다리를 절면서 성공의 뒤를 겨우 쫓아가는 것 같다. 이런 자격지심은 괜히 생기는 것이 아니다. 지금까지 자신과 다른 사람을 이토록 많이 비교한 적은 없었다. 오늘날의 우리는 대중매체와 인터넷, SNS를 통해 다른 사람이 어떻게 사는지를 깊은 곳까지 들여다본다. 보기에 그들이 나보다 훨씬 더 많은 것을 이룬 듯하다.

2007년 과학기술 전문잡지 『와이어드』의 편집장 케빈 켈리와 게리 울프Gary Wolf는 샌프란시스코에서 자가측정Quantified-Self 운동(자신에 대한 정량적 기록과 예측 분석)을 창시했다. 인터넷 사이트(www.quantifiedself.com)에 쓰여 있듯이 이 운동의 신봉자는 '숫자를 통해 자신에 대해 알아가는 일'을 시작한다. 몸무게, 수면 리듬, 혈압, 식사 습관, 정신적 상태, 트레이닝 수치, 칼로리 소비량, 알코올 섭취량, 하루 동안의 걸음 수 등 시중에 나와 있는 앱은 대부분 이 모든 사항을 기록하여 통계와 그래프로 바꿀 수 있다. 미국에는 현재 3500만 명이 자기개선 애플리케이션의 도움을 받고 있다.

독일에서도 점점 더 많은 사람이 건강 관련 애플리케이션을 사용한다. 쾰른의 시장조사 기관이 약 1000명의 성인을 대상으로 조사한 결과 41퍼센트가 휴대전화에 건강 관련 애플리케이션을 설치했고, 그중 4분의 3이 이를 규칙적으로 이용한다. 많은 사람이 이런 애플리케이션에 열광하는 현상은 어디에서 기인할까? 푸르트방겐전문대학의 사회학자 슈테판 젤케Stefan Selke는 자기개선 애플리케이션을 '디지털 우렁 각시'라고 부르며, 여기에는 사람을 끄는 무엇인가가 있다고 설명한다.

"우리가 살고 있는, 익명성과 무시로 가득한 세상에서 이런 피드백을 받는 일은 어쩌다가 일어날 만큼 드뭅니다. 날마다 살아가면서 자신이 좋은지 나쁜지, 사람들이 자신을 좋아하는지 싫어하는지에 대해 아무런 답을 얻지 못하는 사람이 많습니다. 그런데 갑자기 '훌륭해! 더 나아졌어!'라고 말해주는 기계가 생겨난 거죠. 사람들이 여기에 재미를 느끼고 동기를 부여받는 것은 당연한 일입니다."

디지털 기기 덕분에 우리는 스스로 동기를 유발하지 않아도 되고 쉽게 활기차고 건강한 생활을 유지할 수 있다. 자가측정 프로그램을 선호하는 사람은 어쨌든 이렇게 주장한다. 항상 성취 단계를 알려주는 애플리케이션을 통해 과제나 결심을 계속 상기시키고, 우리 안에 깃든 나약한 자아를 통제할 수 있다고 말이다. 그런데 정말 이렇게까지 노력하면서 살아야 할까? 더 활기차고, 날씬하고, 균형 잡히고, 완벽해지기 위해 자신을 디지털 코칭에 전적으로 맡기는 일이 과연 의미가 있을까?

슈테판 젤케는 무엇보다 다음과 같은 점을 주의해야 한다고 경고한다. 자가측정은 사용자에게 그가 얼마나 훌륭한지, 그가 달성한 수치가 평균보다 높은지 혹은 낮은지에 대한 정보를 알려준다. "나는 평균보다 나을까 아니면 못할까?"라는 질문에 기계는 냉정하게 솔직한 답을 내놓는다. 결과가 평균 이상이면 아무런 문제가 안 되지만 수행 결과가 계속 평균 이하로 나오고 수치도 평균보다 낮다면 어떻게 받아들여야 할까? 하지만 젤케는 자가측정 프로그램이 이에 대해서는 아무 말도 하지 않는다고 비판한다.

"자가측정 프로그램은 항상 평균 이상인 사람에 대해서만, 성공적으로 발전한 사람에 대해서만 말합니다. 어떤 이유에서인지 모르겠지만, 제가 디지털 실패자라고 이름 붙인 평균 이하인 사람에 대해서는 전혀 언급하지 않습니다. 단순히 이런 평균 수치만을 비교함으로서 목표를 달성하지 못했거나 목표 달성을 원치 않는 사람으로 분류해버립니다. 이들은 분명 칭찬을 받지도 못하고, 결국은 알게 모르게 사회에서 제외당합니다."

혹은 엄청난 경쟁과 성과의 압박에 시달리기도 한다면서 슈테판 젤케는 구체적인 예를 한 가지 든다. 함부르크의 아우센알스터는 사람들이 애호하는 조깅 코스다. 사람들은 7킬로미터의 조깅 코스를 달리면서 서로의 속도를 비교하기를 좋아한다. 한 컴퓨터 공학자가 이 코스의 중간에 여섯 개의 측정기를 설치해보기로 했다. 사람들은 칩을 신발에 붙이고 달리면 플랫폼에서 자신의 기록을 볼 수 있다. 하지만 슈테판 젤케가 생각하기에 신발에 칩을 붙이고 뛰는 것은 전혀 기발하지 않은 생각이었다. 오히려 이것을 통해 '현대 사회에서 성과를 내야 한다는 압박감이 아무런 제재 없이 자유 시간의 영역으로까지 넘어왔기' 때문이다.

완벽하다고 충분히 잘한 것이 절대 아니다

디지털 자기개선 도우미는 심리학자와 심리치료사가 이미 오래 전부터 우려하던 추세를 더욱 심각하게 만든다. 이런 기계는 더 좋고 건강하고 활기찬, 요컨대 완벽한 삶을 만들 수 있다는 환상을 사람들에게 전파한다. 이로 인해 사람들은 미완성과 약점을 반드시 싸워 없애야 한다는, 이미 널리 퍼져 있는 사고를 더욱 확장시킨다. '너는 ~해야 해' '반드시 ~가 되어야지' '~해서는 안 돼'와 같은 명령을 내리는 마음속 폭군의 목소리에 의해 날마다 최고의 실력을 선보이고, 애플리케이션의 지시에 따라 움직이는 사람이 이미 굉장히 많다. 그런데 이제는 디지털 기기 덕분에 그 숫자가 계속해서 올라간다. 언제 무엇을 해야 하는지를 알려주는 '디지털 우렁 각시'가 있어서, 이제 우리는 무엇을 해내지 못했을 때 더 이상 변명을 하거나 용서를 구할 수도 없다. 디지털 코칭은 '시간이 없어서'나 '생각을 못 해서' 혹은 '너무 피곤해서'라는 말을 믿지 않는다. 아예 기기를 꺼버리면 된다고? 하지만 사람들은 간단하게 기기를 끄지 못한다. 끊임없이 자기 상태를 지켜보는 일에는 중독성이 있기 때문이다.

더 큰 문제는 이제 기기 없이는 자신의 상태가 정말 어떤지 혼자서는 더 이상 느끼지 못하는 사람이 늘어났다는 것이다. 작가 사라 퇴르메르Sarah Thoermer는 "사람들이 잠을 잘 못 잤다고 믿을 때도 있다. 사실은 다음날을 활기차게 시작할 수 있을 정도로 편안한 휴식을 취하고 잘 잤는데도 기기가 수면의 질이 나빴다고 보여주기 때문"이라며 비판한다. 자신의 정보를 커뮤니티의 다른 회원과 비교하는 기기를 규칙적으로 이용하는 사람은, 경쟁에서 오는 압박으로 엉뚱한 옆길로 빠질 수 있다. 퇴르메르는 이러한 상태가 지속된다면 결과적으로 극심하게 자신을 감시하는 방향으로 왜곡될 수 있다고 경고한다.

새로운 디지털 기기를 사용하지 않는다고 해서 우리가 자기개선이라는 압박에서 쉽게 자유로워질 수 있는 것은 아니다. 정보와 조언으로 무장한 디지털 프로그램이 없어도, 어떻게 하면 몸 상태를 최상의 컨디션으로 올리고, 최고의 실적을 낼 수 있는지에 대한 생각으로 가득하기 때문이다. 우리는 이미 오래전부터 활기찬 사람에 속해야 된다는 압력을 내면화했다. 자기를 바꾸려는 자극은 대부분 자신이 요구와 목표, 희망 사항을 따라가지 못하고 뒤처졌다는 생각과 같은 불쾌감을 불러온다. 그래서 수백만 명의 사람이 반복해서 무엇인가를 바꾸고, 새로운 것을 시도하고, 두려움 같은 내면 깊숙한 곳의 나약함을 극복하고 싶어한다. 끝없는 자기개선은 이제 거의 목적 자체가 되어버렸다.

캐나다 학자 고든 플렛과 폴 휴잇에 따르면 삶의 모든 영역에서 완벽해져야만 한다는 강요는 '전염성이 강하다'. '완벽주의'에 관한 여러 건의 연구에 의하면, 자기개선이라는 광기의 희생자로 전락하는 사람이 꾸준히 증가하고 있다. 두 학자는 이런 현상이 일어날 수밖에 없다고 생각한다. 완벽주의는 더 높이, 더 멀리, 더 잘 발전하는 사회에 더 적합하기 때문이다. 스위스의 심리치료사 라파엘 보넬리도 완벽주의를 우리 사회에서 굉장히 보고 싶어 하는 '매력적인 압력'이라고 표현했다. 보넬리는 '진지함과 단정함, 근면과 믿음으로 만들어진 후광'이 완벽주의자의 주위를 둘러싸고 있다고 말한다. 완벽해지려고 노력하는 과정에서 우리는 다른 사람에게 '여기 좀 봐. 나는 중간 정도에서 절대 만족 안 해. 나는 내 결점과 약점을 없애려고 노력하고 있어'라는 신호를 보낸다.

우리는 이와 함께 두 가지 중요한 목표를 따른다. 첫 번째로 다른 사람의 호의와 인정을 통해 자부심을 견고하게 하려 한다. 두 번째는 내면에 자리한 감독의 행동을 적어도 가끔씩이라도 막으려 한다. 가끔은 모든 요구를 수행하고 두려움을 억제할 수 있을지도 모른다. 하지만 우리가 해내지 못하는 한 가지가 있다. 바로 자신에 대한 부정적인 혼잣말, 지난 일에 대한 끝없는 회상, 스멀스멀 피어나는 자기회의를 멈추지 못한다. 우리는 편안하게 등을 기대고는 "이제 됐어. 난 완벽해"라는 말을 하지 못한다. 완벽주의자가 된 우리는 절대 긴장을 풀 수 없다. 내면의 감시자는 빨리 다시 성공을 쫓아가라면서, 자신에게 부족한 것과 결여된 것이 무엇인지 일깨운다. 이런 과정은 우리를 악순환으로 몰고 간다. 상황에 따라 완벽한 것이 항상 달라지기 때문이다. 완벽함은 지속적인 상태가 아니다. 그럼에도 항상 완벽해지려고 하는 사람은 큰 대가를 치른다. 완벽주의는 작은 부담만을 뜻하는 것이 아니다. 특히 의욕이 넘치는 사람에게는 그렇다. 이는 삶에 그림자를 드리우고, 건강 문제를 일으키는 저주에 가깝다. 완벽주의는 부정적인 감정과 끝없는 평가로 이루어진, 끝이 보이지 않는 소용돌이다. 완벽주의적 행동과 사고, 불면증, 끝없는 회상, 우울증, 번아웃, 중독, 비만과 같은 병은 분명히 서로 연관된다. 완벽주의로 인해 인간관계에 심각한 문제가 발생할 수도 있다. 자신에게 너무 엄격한 사람은 다른 사람도 관대하게 대하지 못할 때가 많기 때문이다.

내면의 비난꾼은 무시해도 괜찮다

얼마 전 미국의 한 잡지가 우리에게는 하루에 24시간 이상이 주어져야 한다는 재밌는 계산 결과를 내놓았다. 30분은 피트니스 클럽에서 운동을 하고, 45분은 몸을 가꾸고, 텔레비전이나 컴퓨터 앞에서 2~4시간을 보내고, 자동차나 교통수단 안에서 1.5시간을 머문다. 7~10시간은 일을 하고, 1~2시간 정도는 집안일과 정원 일에 사용하며, 2~3시간은 식사를 하고, 8~9시간은 잠을 잔다. 그 외에 남는 시간은 섹스를 하고, 새로운 소설을 읽고, 극장이나 콘서트에 가고, 친구를 만나는 데 사용한다. 아, 스트레스를 없애기 위해 안정을 취하는 시간도 빼놓아서는 안 된다. 미국 기자들은 이런 모든 것을 감안해 하루가 42시간이어야 이상적이라고 계산했다.

완벽을 바라는 마음이 얼마나 실현 불가능한지 이보다 분명하게 보여줄 수는 없을 것이다. 그래서 자기중심적인 사람은 완벽해지려는 흐름에 동참하지 않는다. 이들은 자신이 완벽하지 않다는 사실과 또 완벽해지고 싶지 않다는 점도 안다. 이들은 자기를 개선하라는 강요를 근본적으로 의심한다. '지금의 나로 만족하는데 왜 나를 개선하라는 거지?' '자기개선의 시대'를 사는 수많은 사람들이 온갖 노력을 기울이지만 그래도 완벽한 사람은 존재하지 않는다는 것이다. 심리치료사 엘마 뵐름Elmar Woelm은 '모든 사람은 나름대로 괜찮고, 완벽하다'는 견해를 가진다. 그러면서 뵐름은 '완벽함이 주는 매력이 무엇일까'라는 질문을 던진다.

"완벽한 사물은 정말 어느 만큼이나 매력적일까요? 완벽하다는 것은 또 무슨 뜻일까요? 완벽한 그림, 완벽한 조각, 완벽한 나무, 이들은 어떤 모습일까요? 정말 말을 걸고 싶고 관심이 쏠리는 것은 혹시 완벽한 것에서 벗어난 것이 아닐까요?"

바로 이런 생각이 자기중심적인 사람이 추구하는 철학이다. 이들도 항상 자기개선의 약속에서 벗어날 수만은 없지만 그 위험성을 자각하고 자아를 개선해야 한다는 유혹에 맞서 싸운다. 내면의 목소리가 지시를 내리면 이들은 바로 다음과 같은 방법으로 그것을 차단한다.

첫째, 내면의 감시자가 내는 목소리는 듣지 않는다. 자기중심을 지킬 줄 아는 사람들은 '해서는 안 돼, 할 수 없어'(실패하고, 분노하고, 이성을 잃고, 불친절하고, 실수를 하는 일) 아니면 '해야만 해'(더 노력하고, 더 부지런해지고, 시간에 맞추고, 믿음을 주는 일)라는 내면의 감시자가 내리는 지시를 그냥 듣고 있지 않는다. 물론 자기중심적인 사람 역시 그날 하려고 마음먹은 일을 다 해내지 못할 때가 자주 있다. 이런 날 저녁에 내면의 감시자가 "너는 실패했어! 다 끝내지 못했잖아. 널 믿지 못하겠어!"라고 말하는 것을 항상 피할 수만은 없다. 하지만 그럼에도 이 말을 믿지 않고 우선 검토한다. '해야 할 일 목록에 있는 일을 전부 하진 못했어. 이 점에 대해서는 감시자의 말이 맞아. 하지만 그렇다고 내가 바로 사람들에게 신뢰감을 줄 수 없는 실패자가 되는 걸까?' 자기 중심적인 사람은 평가하는 목소리를 들을 때마다 하나씩 분명하게 짚고 넘어간다. '아이고, 감시자가 또다시 할 말이 있나? 나는 목소리가 하는 말을 들어주는데 목소리는 왜 내가 하는 말을 듣지 않는 거지? 그 목소리는 라디오 방송에서 나오는 소리와 같은 거야. 즉 나와 아무런 상관이 없다는 거지.'

둘째, 다른 사람의 비판이나 자신의 실수를 두려워하지 않는다. 완벽주의자는 아무런 실수를 하지 않았을 때만 다른 사람의 눈에 자신이 가치 있는 사람으로 비칠 것이라고 생각한다. 이와는 달리 자기중심적인 사람은 실패와 실수를 하는 것은 지극히 정상적이며, 인간적이라는 사실을 안다. 이들은 "아무것도 안 하는 사람만 잘못을 저지르지 않는다"는 말을 좌우명으로 삼는다. 또 이들은 누구나 과오를 저지른다는 사실을 안다. 미국 심리학자 윌리엄 제임스는 이미 1897년에 "잘못을 저지르지 않는다면 우리가 무슨 일을 해야 하는지 어떻게 알 수 있을까?"라고 썼다. 이 말을 새겨들을 필요가 있다.

셋째, '전부가 아니면 아예 아무것도 아니다'라는 생각을 피한다. 심리학자 마이클 머호니Michael Mahoney는 삶의 모든 부분에서 자기통제를 하려고 노력하는 사람들을 관찰하면서 '성인 혹은 죄인 증후군'을 보았다. 한 예로 완벽주의자가 몸무게를 빼는 과정을 상상해보자. 여기에는 두 가지 가능성만 있다. 엄격한 계획표에 맞추어 성공적으로 다이어트를 마치든지 아니면 실패하든지. 계획표를 벗어나는 일은 절대 있을 수 없다. 만약 목표를 달성하지 못하면 이 사람은 결심했던 모든 것을 실패했다고 여긴다. '성인'에서 '죄인'으로 바뀌는 것이다. 따라서 죄책감을 갖고, 자기를 경멸한다. 완벽해지고 싶은 사람은 다시 계획을 세우고, 새로운 도전을 해야만 비로소 이런 불쾌한 기분을 없앨 수 있다. 반면 자기중심적인 사람은 처음 결심한 것을 한번에 완벽히 이룰 수 있다고 생각하지 않는다. 이들은 뒷걸음치는 것도 계산에 집어넣고, "어제는 다이어트가 하고 싶었는데 오늘은 별로 그럴 마음이 없어졌어. 내일도 날인데, 내일부터 시작하면 되지"와 같이 중도에 계획을 바꾸는 일도 허용한다.

넷째, '충분히 좋아'에 만족한다. 완벽주의자가 항상 모든 가능성 가운데 최고를 찾아다니면서 수많은 변수 때문에 혼란에 부딪힌다면, 자기중심적인 사람은 자신의 입장을 고수한다. 이들은 한번 결정을 내리면 다른 모든 것을 잊어버린다. A가 실패했을 때 대안으로 행할 B가 없고, 대안을 세울 생각도 없다. 사회심리학자 배리 슈워츠는 사람들을 두 분류로 나눈다. 최상의 선택을 찾아 헤매는 사람과 적당히 만족할 줄 아는 사람으로 말이다.

슈워츠는 삶의 모든 영역에서 언제나 완벽하려고 애쓰고, 최고만을 추구하며, 모든 협상을 거부하는 사람을 '최선 추구자 Maximizer'라고 부른다. 이들은 자기가 행하고 결정하는 모든 것이 완벽하다는 확신을 원한다. 또한 자신의 삶이 다이아몬드 원석이며, 자신의 도움을 통해서만 비로소 반짝이고 귀중한 보석이 될 수 있다고 믿는다. 최선 추구자는 자기가 전망하기 어려운 세계에 진입로를 낼 수 있으며, 안전하게 앞으로 나갈 길이 존재한다고 믿는다. 그래서 이미 내린 결정에 대해 계속해서 생각하는 경향이 있다. 혹시 다른 더 좋은 선택지가 있었던 것은 아닌지에 대해서도 많이 생각한다. 이들은 현재와 자기의 선택에 머물지 않고, 미래에 있을 최상을 계속해서 찾아다닌다.

자기중심적인 사람이 최선 추구자인 경우는 매우 드물다. 이들은 도리어 '좋으면 됐지'라고 생각하는 편이며, 배리 슈워츠가 말하는 '만족 추구자 Satificer'에 속한다. 만족 추구자는 자기가 최상이라고 생각하는 해답에 만족하며, 다른 사람이 어떤 해답을 선호하는지에는 관심이 없다. 요컨대, 금방 사온 에스프레소 머신에 대한 사용 후기가 그리 좋지 않더라도 개의치 않는다. 이들은 그런 평가에 아예 관심이 없다. 자기중심적인 사람은 항상 최고를 원하기보다는 자신에게 충분히 좋은 것에 만족할 줄 알며, 그것이 훨씬 좋다는 것을 안다. 이들은 선택의 폭이 넓은 세상에서 스트레스 없이 움직이고 자신이 가진 것에 만족한다. 또 소비품, 직업, 삶의 목표, 배우자와의 관계, 몸무게, 그리고 운동 실력 등 삶의 모든 영역에서 '지금 네가 가진 것으로 최선을 다해라'라는 계명을 따른다.

다섯째, 비교하지 않는다. 2013년 다름슈타트공과대학교와 베를린 훔볼트대학교의 학자들이 모여 흥미로운 연구를 진행했다. 이들은 약 600명의 페이스북 이용자에게 '친구'의 포스트가 긍정적인 평가로 가득한 경우 어떤 기분이 드는지 물었다. 그 결과 놀랍게도 많은 응답자가 기분이 안 좋다는 답을 했다. 응답자 중 3분의 1 이상은 페이스북을 이용한 뒤 혹은 이용하는 동안 실망스럽고, 불만족스럽고, 외롭고, 슬프고, 질투심이 생겼다고 대답했다. 다른 사람이 긍정적인 일을 많이 경험한 것에 비해 자신의 삶은 완전히 심심하고 공허하다고 느꼈다. 이런 비참한 기분과 감정을 줄이려고 사람들은 스스로 가장 멋졌던 경험을 포스팅한다. 비록 포스팅 내용이 실제 경험과 일치하지 않더라도 말이다. 그리고 이는 다시금 다른 사람들에게 질투심을 일으킨다. 훔볼트대학교의 연구자들은 이런 현상을 보고는 페이스북을 사용하는 것이 사람들을 질투의 소용돌이로 말려들게 하며, 자신이 충분히 좋지 않다는 괴로운 감정에 항상 새로운 연료를 더해준다고 주장한다.

　　　　　　　　　　　　　　　　　자기화해

자신을 다른 사람과 비교하는 일은 완전히 정상적인 태도다. 이때 자신보다 아래가 아닌, 위로 방향을 정하는 것 역시 지극히 정상적이다. 다른 사람이 이룬 것을 보면 대부분 뒤처지지 않으려고 자극을 받는다. 하지만 이처럼 한꺼번에 힘을 쓰는 일은, 비교로 인해 지나치게 부정적인 영향을 받지 않을 때에만 성공적이다. 다른 사람과 비교하면서도 자기 자신을 유지할 수 있다는 것은, 다른 사람에 의해 자극을 받아도 자신이 가야 할 길을 눈에서 놓치지 않는다는 의미다. 자기성찰적인 사람은 스스로 지주 역할을 한다. 이들은 다른 사람과 경쟁하지 않는다. 자신이 X나 Y에 비해 더 똑똑하고, 아름답고, 빠르고, 인기 있어서가 아니라 자신이 지닌 그대로의 실력과 능력을 좋아한다. 자기중심적인 사람이 인정하는 유일한 척도는 자기가 얼마만큼 만족을 하느냐다. 이런 사람은 변하고 싶다는 바람을 좇고 자기를 개선하기 위해 많은 시간과 힘을 투자하기 전에 "이런 변화를 원하는 사람이 정말 나인가? 아니면 '다른 사람'이 내가 변하기를 기대하는 건가? 어떤 기준 혹은 누구의 요구를 따라야 하나?"를 묻는다.

여섯째, '뒤처짐의 가치'를 안다. 작가이자 의사 틸 바스티안은 '뒤처짐의 가치'를 아는 사람은 끝없이 자기개선을 하라는 사회적 강요에서 벗어날 수 있다고 말한다.

"번잡한 세상사로부터 벗어나 행복한 아웃사이더로 자발적으로 물러나는 사람에게서 보이는 어떤 조용한 만족감은 항상 경이롭습니다."

자기중심적인 사람은 행복한 아웃사이더다. 이들은 선천적으로 의욕적이다. 다시 말해서 자신이 원하고, 옳다고 여기는 목표와 계획만을 따르고, "이게 요즘 인기야" "이건 꼭 가져야 해" "동조하지 않는 사람은 빠져" 혹은 "이거 안 하는 사람이 어디 있어"와 같이 외부에서 주어지는 계획은 기피한다. 자기중심적인 사람은 스트레스 수치를 통제하고, 기분이 좋은지를 점검하며, 알코올 섭취량 따위를 감시하는 애플리케이션을 스마트폰에 추가로 설치해서 이것으로 시간을 허비하는 일은 꿈도 꾸지 않는다. 이용자에게 더욱 멋지고, 건강하며, 활기찬 삶을 약속하는 디지털 '도우미'들은 사실 스트레스를 더 높일 뿐이다. 자기중심적인 사람은 이런 것에 관심이 없다. 디지털 장난감이 하는 헛된 약속은 단지 기계의 생산자에게만 득이 될 뿐, 사용자의 소중한 시간을 빼앗는다. 더욱 나쁜 것은 이런 장치가 중독성이 있고, 사용자의 자주권을 제한한다는 것이다. 작가 악셀 하케는 『SZ-매거진』에서 "세계 최고?"라는 제목 아래 애플 워치에 대한 논평을 썼다.

"예전에 사람들은 자율적인 사람을 떠올리면 아름다운 모습을 상상했다. 비난을 받는 이런 손목시계를 차고 다니면 자주적인 삶을 살 수 있을까? 영어로 'watch'는 '손목시계'를 뜻하지만, 'to watch'에는 '관찰하다'라는 다른 뜻이 들어 있다."

그러면서 악셀 하케는 애플 워치에는 어쩌면 '공공연히 더 중요한 의미'가 들어 있을지도 모른다고 말한다. 자기중심적인 사람은 다른 사람이 자신을 지켜보고 감시하는 것을 원하지 않는다. 이들은 손목의 강압적인 시계가 자신이 무엇을 할지 말지, 무엇을 좋게 혹은 나쁘게 '수행'했는지 말해주는 것을 원하지 않는다. 이들은 자신의 자율권을 컴퓨터에 넘기지 않고, 최대한 디지털 기기와 멀리 떨어져 금욕적으로 산다.

'모든 것이 의미 없게 느껴져', 나만의 이유 찾기

심장 전문의인 그는 수년간 음악을 두 번째 직업으로 삼아왔다. 하지만 이젠 두 직업 중 하나를 선택할 시기가 찾아왔다. 게오르크 링스그반들Georg Ringsgwandl은 돈벌이와 앞날이 확실히 보장되는 의사라는 직업을 버리고, 음악가와 풍자극 배우가 되기로 했다.

"의사라는 직업도 굉장히 좋아했지만 내 자리라고 하기에는 많은 위험이 따랐어요. 내가 소질이 있는 많은 일들을 미래에 아무 때나 할 수 있을 거라고는 생각되지 않았어요. 의사로 지냈다면 어쩌면 골프를 치고, 유명 요리사를 찾아가 그저 그런 요리를 배울 수도 있었겠죠. 하지만 그뿐이에요. 이런 앞날이 나를 겁나게 했어요. 사실은 미친 짓이죠. 딸도 셋이나 있고, 주택담보대출도 잔뜩 받는데요. 하지만 저는 제 능력으로 충분히 입에 풀칠은 할 거라고 믿을 만큼 오만했어요."

게오르크 링스그반들은 음악가와 풍자극 배우로 성공을 거두었다. 그는 자신이 유일하게 옳다고 깨달은 삶을 산다. 의사 일을 계속했다면 출세도 하고, 돈도 많이 벌었을 것이다. 대출금을 조금씩 갚고 딸들의 교육비도 걱정하지 않았을 것이다. 하지만 링스그반들은 예술가의 막연한 삶을 선택했다. 어쩌면 훌륭한 화가였던 자신의 아버지가 예술가로서의 소질을 전혀 살려보지 못했기 때문일 것이다.

"어쩌면 아버지는 제가 중산층이 누리는 풍족한 인생의 길에서 벗어나 제 길을 찾을 만큼 용감하다는 것을 알고 계셨을지도 모르겠네요."

영화배우 케빈 스페이시도 1999년 인생에 긴 영향을 끼칠 결정을 내렸다. 영화 〈아메리칸 뷰티〉로 큰 성공을 거둔 뒤에 사람들은 그가 영화배우의 길을 계속 갈 것이라고 기대했지만 그는 다른 결정을 했다. 스페이시는 런던으로 건너가 올드빅 극장을 인수했다. 왜 그랬을까?

"내가 쓸모 있는 사람이라고 느끼고 싶었습니다. 나 자신하고

만 상관이 있는 것이 아닌 무엇인가를 만들고 싶었어요. 영화는 내 도움이 필요 없습니다. 하지만 이런 특별한 극장은 내 도움이 필요하죠."

스페이시는 올드빅 극장에 새로운 생명을 불어넣었다. 다시 연극이 무대에 올려지고, 무엇보다 이곳은 젊은 배우들의 양성소로 자리매김했다.

오스트리아의 작가이자 배우인 롤란트 뒤링어는 2012년 말 삶을 완전히 바꾸었다. 뒤링어는 2013년 1월 1일부터 삶에 필요 없는 잡동사니를 정리하고 단순하게 살겠다고 발표했다. 그는 청소년기를 보낸 1970년대와 같은 환경에 맞추어 살기로 했다. 이것은 신용카드와 휴대전화를 사용하지 않는 것은 물론, 집 전화, 메일, 텔레비전을 갖추지 않은 환경에서 사는 것을 의미했다.

"사람들이 나와 언제나 혹은 즉시 연락을 취해야 할 필요는 없습니다. 저는 소방관이 아니니까요."

음악방송 MTV에서 커뮤니케이션 트레이너로 일했던 앙기 제브리히Angie Sebrich는 마이크를 알게 되면서, 일을 시작한 이후 최고의 전성기를 맞고 있다. 지금껏 자신의 직업을 '꿈의 일'이라고 여겼던 제브리히는 마이크라는 남자와의 사랑이 자신이 예전에 꿈꾸던 것을 떠올리게 한다고 말한다. 그녀는 자기와 주파수가

자기화해

같은 사람이 애인이 되기를 바랐고, 아이와 개가 있으면 좋겠다고 생각했다. 하지만 미디어 세계에서 출세하면서 이런 꿈은 뒤로 점점 밀렸다. 출장과 미팅, 밤샘 파티가 꿈을 대신했다. 제브리히는 기자 크리스티네 데머Christine Demmer와의 인터뷰에서 "높은 스트레스, 적은 자유 시간에 치이다 보니 나 자신과 사랑을 위한 시간을 내기 힘들었어요"라고 털어놓았다. 마이크는 이런 삶에 깊은 감명을 받지 못했다. 이런 삶을 동경하기보다는 제브리히를 불쌍하게 여기고 동정심을 가졌다. 그의 생각 덕택에 제브리히는 모든 것을 다시 처음부터 생각해보게 되었다. 두 사람은 함께 떠난 휴가에서 한 부부를 만났다. 부부는 바이에른주의 주델펠트라는 곳에 유스호스텔과 집 한 채를 소유하고 있다고 했다. 이 이야기를 듣자마자 제브리히와 마이크는 마음속으로 결정을 내렸다. 제브리히는 MTV에 사직서를 내고 마이크와 주델펠트의 유스호스텔 운영을 맡기로 했다. 제브리히는 화려하고, 재빠르게 돌아가는 대중매체 세계에서의 삶을 '소중하고, 현실적인' 일과 바꾸고, '자신과 다른 사람을 위해 일할 더 많은 시간을 얻었다.

모두 매우 용감한 결정이라고 볼 수 있다. 링스그반들과 스페이시, 뒤링어는 극적인 삶의 변화를 위해 상당히 큰 용기를 내야 했을 것이다. 모든 사람이 이렇게 용감하지도 못하고, 마음

내키는 대로 살 수도 없다. 사람들은 사회적 강요 아래 놓여 있으며, 다른 선택은 할 수 없다고 믿는다. 종종 편안함을 포기하지 못해 좀더 쉬운 길을 가기도 한다. 안정을 선택한 뒤 자신에게 "이런 게 인생이지"라고 말하기도 한다. 하지만 이런 자리는 수상한 협상을 통해 본질적인 것을 포기하고, 정신적 고통과 근본적인 불쾌감을 감수하면서 얻은 것이다. 그러다 보니 점점 더 막다른 골목에 다다른다는 느낌이 들고 현재 상황이 가끔은 교도소처럼 느껴진다. 사람들은 진퇴양난에 빠진다. 직장 일은 항상 똑같이 틀에 박힌 지루한 일상이 됐고, 의무와 남에 대한 배려로 만들어진 망은 꿈쩍하지 않으며, 항상 똑같이 행해지는 의식은 우리를 지루하게 한다.

2014년 95세의 나이로 세상을 떠난 미국의 포크송 가수 피트 시거는 한 노래에서 인생의 획일성을 고통스럽게 표현했다.

"우리는 모두 다 언덕 위의 똑같이 생긴 작은 상자에서 산다네Little boxes on the hillside, little boxes all the same."

'상자'는 녹색과 분홍색, 노란색으로 칠해졌지만, 이런 다양함은 언덕 위의 작은 집에서 흘러가는 인생이 어차피 다 똑같다는 사실을 숨기지 못한다. '작은 상자에 사는 사람들은 일을 하러 가고, 돈을 벌고, 아이를 키우는 것 외에는 다른 꿈조차 꾸지 않는 것일까? 이들이 예전에 가진 관심과 야망, 계획은 전부 어떻게 됐을까? 가끔씩 '내게 있는 재능으로 무엇을 했나?' '언제 가던 길에서 방향을 꺾고, 왜 그런 결심을 했을까?'와 같은 질문이 우리의 뇌리를 스치고 지나간다. 하지만 마음이 너무 불편해지기 전에 답을 찾는 것을 그만두고 마음을 닫아버린다. 막연한 불편함과 내면의 공허함, 불만족은 불가피하고 완전히 일상적인 일이라며 애써 자신을 설득한다.

'사실 다들 그래. 다른 사람이라고 더 행복하게 살지는 않아.'

우리는 종종 우리가 정말로 원하는 것이(혹은 이전에 원했던 것이) 점점 더 뒷전으로 밀리고 있다는 사실을 더 이상 인지하지 못할 정도로 완벽하게 협상을 한다. 물론 의학적으로 원인을 밝힐 수 없는 고통이 자꾸만 반복되고, 잠 못 드는 밤이 찾아오며, 엉뚱한 영화 속에 들어온 듯이 마음이 혼란스러울 때도 있다. 삶에 대해 감동할 줄도 모르고, 호기심도 사그라진다. 또 삶의 기쁨을 밀어낼 정도로 분노할 때도 있다. 지금 유사한 상황에 처해 있다면 당신도 작은 상자에 갇혀 있는 것이다. 주체적인 삶을 사는 것이 아니라, 주어진 삶을 살고 있다는 의심이 들 만하다. 혹은 더욱 심하게 다른 사람이 자신을 위해 만들어놓은 삶을 산다는 생각마저 든다. 물론 우리는 이런 사실을 인정하고 싶어 하지 않는다. 정반대로, 스스로 상자를 선택했다고 믿는다. 이렇게 믿는 것은 매우 편리하다. 모든 것이 정해졌고 확실하며 한눈에 다 둘러볼 수 있기 때문이다. 감격할 만한 일은 아니지만 심하게 나쁜 것도 없다. 우리는 어쨌든 그 안에서는 어느 정도 안정감을 느낄 수 있다.

인생에서 방향키를 잘못 돌렸다는 것을 어느 순간에 깨달은 사람은, 우선 자신을 방어하고 잘못된 선택을 부인한다. 중요한 많은 것을 인생의 길 위에 함부로 버렸다는 것을 깨닫는 일은 너무나 고통스럽다. 또한 결국 다른 길을 가는 것이 옳았을지도 모른다고 인정하는 것에는 반드시 대가가 따른다. 이렇게 하기에는 두려움이 크기 때문에 사람들은 '좋은' 핑계를 대며 자신을 방어한다. '지금 와서 바꾸다니 너무 늦었어.' '좀더 나중에 바꿀 수도 있어.' 이는 어떤 목표를 이루려는지 정확하게 모르면서 그냥 잘 지어진 단조로운 인생의 고속도로를 계속 달리는 것과 같다. 확실히 아는 것이라고는 자신의 길을 벗어났고 목표에서 멀어졌다는 사실뿐이다. 이런 과정을 어떻게 중단시킬 수 있을까? 어떻게 방향을 반대로 틀고 엄습해오는 관성을 이겨낼 수 있을까? 여태 살아온 작은 상자에서 빠져나오는 방법이 과연 존재할까?

지금까지의 인생에 등을 돌리기

기자 나탈리 블로이엘Nataly Bleuel은 어느 날 자신이 자신과 일치

자기화해

하지 않는 삶을 산다는 사실을 깨달았다. 그녀는 '인생의 한가운데'에서 공허함을 느꼈다. 블로이엘은 「쥐트도이체 차이퉁」의 한 기사에서 많은 사람들이 잘 알고 있는 상태에 대해 묘사했다.

"내가 살고 있는 베를린의 핫한 구역을 나 자신이 어떻게 걸어가고 있는지를 지켜봤어요. 모든 곳이 아름답고 멋졌지요. 그러다가 뒷면으로 눈길이 갔어요. 소파에 앉아 있는 모든 사람과 우리로요. 온 힘을 쏟아부은 하루가 끝난 뒤에 피곤에 절고, 자기성찰적이 되고, 더 이상 아무것도 할 수 없는 상태가 되어 멀리서, 동시에 굉장히 가까이서 세계가 가라앉는 것을 보는 우리를요. 나는 멈춰서 생각했어요. '네 인생의 절반이 지나갔어. 이제는 진지하게 살아야만 해. 네가 원래 하고 싶어 했던 일을 해야 해. 시간이 째깍거리며 가고 있어. 똑바로 해! 지금! 인생의 절반은 아직 네 앞에 놓여 있어! 무엇인가 해봐! 여기서 나가!'"

나탈리 블로이엘은 '이렇게는 더 이상 안 돼'라는 생각에만 머물지 않고 행동으로 옮겼다.

"나는 행복한 집을 떠났고, 내 친구들이 갈망했던 이상향을 떠났어요. 성적만 중요하게 여기는 교육제도에서도 벗어났지요. 이렇게 함으로써 내 아이들이 열일곱밖에 안 되는 나이로 자본의 최고 직위에 오르려고 애쓰지 않도록 말이에요. 우리의 문화를 떠나 외국인도 친절하게 대하고, 삶의 기쁨과 같은 다른 가치도 소중히 생각하는 그런 문화로 들어갔어요."

어느 순간에 자신이 결정한 인생을 살고 있지 않다는 사실을 깨달으면 비상 브레이크를 당기고 하차하는 사람이 있다. 대중매체는 이런 극적인 변화를 대개 크게 경탄하면서 보도한다. 일상의 쳇바퀴에서 빠져나온다는 생각이 작은 상자의 함정에 빠져 있는 모든 사람들에게 유혹적으로 다가오는 것은 당연하다. 하지만 에리히 프롬이 쓴 것처럼 극단적으로 본인의 길을 가려는 사람은 모든 안정된 것을 포기하고, '다른 사람과 차이가 나며, 그에 따른 고독을 견딜' 준비 자세를 갖추어야 한다.

물론 쉽지 않은 일이다. 삶을 바꾸고 싶은 마음이 아무리 커도 누가 자발적으로 자기 인생에서 쉽게 등을 돌릴 수 있을까? 우리는 아이들을 양육하고, 할부금을 갚고, 휴가비를 감당해야 한다. 사람들은 구체적인 변화에 대해 곰곰이 생각하기 시작하자마자, 삶을 원하는 경로로 바꿀 가능성이 사실은 굉장히 적거나 아예 없다는 결론에 재빨리 이른다. 하지만 인생의 매 순간은 선택이다. 사회심리학자 미하이 칙센트미하이도 이 점을 확신한다.

"지금과 우리 인생의 피할 수 없는 끝 사이에서 우리는 살 것인지 아니면 죽을 것인지를 결정할 수 있습니다."

칙센트미하이는 편안하게 등을 기댄 채 무슨 일이 일어날지

를 기다리지 말고 삶이 가야 할 방향을 적극적으로 제시해야 한
다고 말한다. 그러지 않으면 "인생은 외부에 의해 지배되고, 다른
누군가의 목표를 위해 자신의 힘을 허비하게 된다"라고 경고한
다. 적극적으로 자신의 삶을 꾸미는 일을 포기하면 사회적인 강
요와 다른 사람의 기대로 인생이 정해진다. 이런 삶에서는 다른
사람의 목표를 좇고, 이들이 옳다고 여기는 것을 그대로 따르고,
자신이 큰 의미를 부여하지 않는 영역에서 성공을 거두려고 애쓴
다. 간단히 말해, 자신의 삶에 자신의 의미를 불어넣는 일을 포
기하는 것이다. 그렇기에 나만의 이유를 찾는 일이 중요하다.

첫째, 끊임없이 질문한다. 내 삶에서 중요한 것은 무엇일까?
누가 혹은 무엇이 나에게 영향을 끼칠까? 내 삶에서 나에게 좋
은 것이 무엇인지를 정확하게 아는 사람이 있나? 나는 어떤 사
람을 보고 감탄할까? 이런 사람은 내가 갖지 못한 것 가운데 무
엇을 가졌을까? 절대 되고 싶지 않은 사람은 어떤 유형의 사람
일까? 어떤 가치가 중요하다고 생각되나? 나는 나 자신과 내가
하고 있는 일이 자랑스럽나? 내 삶을 가치 있게 하는 것은 무엇
이며, 삶을 힘들게 하는 것은 무엇인가? 완전히 내가 될 수 있으
려면 무엇이 필요할까? 내가 지금 살고 있는 모습 그대로의 삶
에 만족하나? 아니면 다른 곳으로 방향키를 틀어야 할까?

자신에게 이런 질문을 던지는 사람은 말 그대로 자기중심적이라고 할 수 있다. 우리는 이런 질문을 통해 삶에 어떤 고유의 의미를 부여하려는지 탐구하기 때문이다. 이렇게 찾은 답이 어쩌면 '너는 네 삶을 바꿔야 해'라는 어려운 숙제를 줄 수도 있기 때문에 이것은 동시에 용감한 질문이기도 하다. 그렇다고 지금까지 살아온 삶을 무조건 벗어던지고, 모든 것을 잊어버리고, 새로이 시작해야 한다는 것은 아니다. 하지만 어떤 특정한 조건을 바꾸는 일이 거의 불가능하더라도 네 가지 중요한 부분에서 자기중심을 찾도록 세심히 주의함으로써 삶에 의미를 부여할 수 있다.

즉 '전적으로 자신에게 의미가 있는 일만을 하고' '스스로 선택한 목표를 따르고' '자신의 욕구를 고려하고' '행복을 약속하는 잘못된 말에 속지 않는다'.

둘째, 일과 직업의 의미에 대해 묻는다. 우리가 항상 하는 일은 우리에게 중요하며, 의미가 있어야 한다. 당연히 사람마다 '의미가 있는' 것을 다르게 느끼겠지만 일반적으로 통하는, 어떤 행동을 중요하게 만드는 특징이 있다.

하버드대학교에서 동료 미하이 칙센트미하이, 윌리엄 데이먼과 함께 굿 워크 프로젝트Good Work Project에 심혈을 기울였던 심리학자 하워드 가드너는 오늘날의 사람들이 언제 노동의 중요한 의미를 느끼는지에 대한 질문에 다음과 같은 견해를 내놓았다. 그는 "의사로서 다른 사람을 도울래" "자동차 기술자로서 자동차를 더 안전하게 만들 거야"처럼 일에 사명이 더해지면 자신이 하는 일이 의미 있다고 느낀다는 점을 밝혔다. 또한 아침에 거울에 비친 자신의 모습을 보고 고개를 돌리지 않아도 될 때 자신이 하는 일에 의미가 있다고 느낀다고 덧붙였다.

학자들은 이것을 '윤리적 정체성'이라고 부른다. 앞의 세 학자에 의하면 중요한 일을 하는 사람은 "돈과 명예를 위해서만 애쓰지 않고, 갈등 상황에서 가장 저항이 약한 길을 선택하지 않는다. 그들은 자신의 책임과 자신의 직업이 지닌 영향력을 잘 알고 있다. 최상의 경우 이런 사람은 자신의 개인적 목표나 사명, 천직이 정당하도록 책임지고 노력한다". 이때 어떤 분야에 종사하고 있는지는 상관없다. 본인만의 의미는 어디서나 찾을 수 있기 때문이다. 어느 계층에 속하는지 혹은 어떤 교육을 받았는지도 중요하지 않다. 버려진 장난감을 분쇄되기 전에 꺼내와 수리한 뒤 이를 필요로 하는 아이들에게 선물하는 청소부는 자신의 행위가 생명을 구하는 일만큼이나 큰 의미가 있다고 생각한다.

의미가 있다는 것은 누군가에게 재미를 주기도 하지만 때로는 정반대의 상황을 일으키기도 한다. 인스브루크의 심리학자이자 의미 연구가인 타티아나 슈넬Tatjana Schnell은 "의미란, 개인적으로 옳고 가치가 있는 일을 하는 것이고, 의미 있는 일이 마음 편한 것보다 우선시된다"라고 설명한다. 그에 따르면 "이것은 힘들고 항상 좋게만 느껴지는 것은 아니다". 우리를 기쁘게 하는 일이 반드시 의미 있는 일은 아니며, 거꾸로 의미 있는 일이 항상 즐거움을 주는 것도 아니다. 요컨대, '사람들은 왜 아이를 낳기로 결정할까? 재미있으려고?' 심리학 교수 폴 돌런은 재미를 느끼려고 아이를 낳는 사람은 거의 없을 것이라고 말한다. 아이가 있다고 자동적으로 사람들이 행복해지지는 않기 때문이다. 돌런은 아이가 태어나 아빠가 되는 것이 큰 기쁨을 줄 것이라고는 기대하지 않았다.

"친구와 술집에 갔을 때의 즐거움만큼 아이가 태어났을 때 기쁠 거라고는 생각하지 않았습니다. 하지만 내 아이가 즐거움으로 가득한 내 삶에 더 많은 의미를 부여하고 이로써 나를 더 행복하게 해주기를 간절히 바랐기 때문에 아이를 낳기로 쉽게 결정할 수 있었습니다."

폴 돌런은 케빈 스페이시, 게오르크 링스그반들, 앙기 제브리히, 나탈리 블로이엘과 이름을 알 수 없는 청소부처럼 의미 있는 직업을 선택했다. 이런 모든 예시는 개인적인 목표와 일치하고, 경제학자 에른스트 슈마허의 말처럼 "좋은 일을 좇고, 이웃에게 봉사하고, 자신을 발전시키는 일을 찾는 것"이 얼마나 중요한지를 보여준다. 이런 목표를 달성하기 위해 작은 상자를 곧장 박차고 나올 필요는 없다. 약간 수정을 하고 살짝 방향을 트는 것만으로도 가능성을 만들 수 있다. 예를 들어, 일하는 시간을 몇 시간만 줄이고 책임이 덜한 직위를 받아들이면 사회학자들이 주장하듯이 '진정한' 행복의 요소를 위한 시간을 마련할 수 있다. 사람들과 만나 이타주의적 관계를 맺는 일은 물질적인 풍요로움보다 훨씬 큰 만족감을 가져다준다. 타티아나 슈넬은 "자아를 뛰어넘어 상위의 연관성 속에 머물고 더 많은 책임을 짊어질수록 사람들은 자신의 삶에 더 많은 의미가 부여되는 것을 경험한다"고 말한다. 슈넬은 우리가 불변의 가치로 무엇인가를 하거나 만들고, 우리의 경험과 지식, 능력을 물려주는 일을 가장 중요한 의미의 원천이라고 여긴다.

셋째, 내적 목표를 따른다. 의미 있는 삶에는 자신만의 목표가 있다. 자신이 어디로 가고자 하는지와 어떤 목표가 자신에게 맞는지를 알아야만 한다. 무엇이 옳고 의미 있는 목표일까? 의미 있는 목표는 스스로 찾은 것이며, 이것은 '속'에서 나온다. 심리학에서는 '내적 목표'라고 부른다. 반대로 '외적 목표'는 외부로부터 주어진다. 즉 다른 사람과 환경에 의해 정해진다. '나는 ~를 해야 해'라는 범주에 속하는 것은 내적 목표가 아니다. '나는 더 날씬해져야 해, 운동을 더 해야 해, 더 노력해야 해.' '~해야 해'라는 말이 나오면 이것은 스스로 정한 목표가 아니라는 뜻이다. 의미 있는 목표가 갖는 또 다른 특성은 열정을 품고 즐거운 마음으로 추구한다는 점이다. 누군가 자신이 세운 계획을 진심으로 인내심을 가지고 잘 지켜나가면 이것은 누가 뭐래도 자신이 선택한 목표가 된다. 이와 더불어 의미 있는 목표는 '조화롭게' 느껴진다. 우리가 행하고 노력하는 일은 자기 삶의 목표, 가치와 조화를 이루어야 한다. 타티아나 슈넬은 말한다.

"이는 자신의 소신을 지켜야 한다는 의미입니다. 또한 어떤 특정한 일을 거부하는 것을 의미할 수도 있습니다. 더 나아가 자기 입장을 고수하고 참여하는 것, 우리에게 중요한 것을 위해 열정적으로 개입하거나 옳다고 생각하는 일에 열린 마음으로 간섭하는 것을 의미하기도 합니다."

넷째, 덜 의미 있는 일은 포기한다. '더 많은 시간이 주어진다면 그 시간으로 무엇을 할 것인가? 하고 싶은 일 열 가지를 나열해보라.' 이런 작은 문제를 접하고는 놀라는 사람이 많다. 의무와 과제를 쫓아다니고 남을 배려하다 보니 얼마나 많은 것을 단념하고 살아왔는지 금방 확연해지기 때문이다. 혹은 시간 부족과 피곤함, 아니면 가끔은 게으름 탓에 이미 많은 것으로 가득 채워진 삶의 한구석에 자신의 소망을 먼지 쌓이게 방치해두기도 한다. 이루지 못한 희망 사항을 적은 사람은 자신이 원하는 것이 사실은 거대한 계획이나 목표가 아니라 겉보기에 전혀 흥미롭지 않은 사소한 바람이라는 것을 재빨리 알아차린다. 어쩌면 흥미진진한 책을 읽으며 시간 가는 줄도 모르는 경험을 오래도록 하지 못한 것이 생각났을 수도 있다. 먼 곳에 사는 가장 친한 친구를 찾아가고 싶을 수도 있다. 이제 그림에 대한 재능을 살리거나 이탈리아어를 배우기 위해 짬을 낼 수 있다면 얼마나 좋을까 생각한다. 좀더 본인의 견해를 피력한다면 이런 바람이 이루어질 수 있다. 의미가 적은 일을 포기함으로써 의미 있는 일을 위한 자리를 만들 수 있다.

다섯째, 무엇을 통해 진정으로 행복할 수 있는지 안다. 젊은 페미니스트 로리 페니Laurie Penny는 자신의 책 『말할 수 없는 것들』에 이렇게 썼다.

"우리가 돈도 되지 않는 일에 힘을 다하고, 필요하지 않은 물건을 사면서 유치함과 광고로 덮인 두꺼운 껍질 아래에서 이전이나 지금이나 그렇게 딱딱한 사회적, 성적 규정을 따르는 삶을 원한다면 우리는 원하는 모든 것을 가질 수 있다."

우리는 이렇게 살기 원했나? 이런 삶과 우리 사이에 아직 어떤 연관성이 남아 있나? 노동-피로-소비-노동-피로가 반복되는 삶에 무슨 의미가 있을까? 오래전부터 본질적인 것들이 삶에 어떤 영향을 끼쳤는지 느끼는 사람은 많았지만, 지금까지 이것을 마음속에 간직하다가 "이렇게는 더 이상 안 돼!"라고 말하는 사람은 겨우 몇 명에 지나지 않는다. 자신의 행동에서 자기만의 고유한 이유를 찾지 않는 사람과는 근본적으로 다르게 이런 사람은 '훌륭한 삶이란 무엇인가, 이것을 성취하려면 무엇이 필요한가?'라는 질문에 답한다. 이들이 생각하는 훌륭한 삶이란 끝없이 성공을 좇아서 점점 더 많은 것을 더하는 삶이 아니다. 자기중심적인 사람은 행복한 삶을 이루려면 '필요 없는 것은 무엇일까?' '구체적으로 정말 필요한 것은 무엇일까?'와 같은 자기만의 질문을 바탕으로 훌륭한 삶의 기본이 무엇인지 탐구한다.

누구나 다음과 같은 상황을 접해보았을 것이다. 만족하지 못하거나 자신에게 실망한 일이 생겼을 때 다른 곳에 신경을 쓰거나 신경을 분산시킬 방법을 모색한다. 텔레비전 시청, 먹기, 마시기에 전념하거나 일로 도망치거나 스포츠로 마음을 달래며 불쾌한 감정을 숨긴다. 소비도 기분전환의 전략으로 빼놓을 수 없다. '열심히 일했는데 이 정도 보상이야 당연하지!' 우리는 힘든 하루를 보낸 자신에게 "뭐 좋은 거라도 하나 사지 그래"라고 속삭이는 목소리의 유혹에 빠져들어, 충동구매를 한다. 너무 지친 데다 스스로에게 불만스러울 때면 우리는 쇼핑을 하러 간다!

스위스 사회학자 베레나 마크Verena Maag는 박사 논문을 쓰기 위해 남성과 여성의 구매 동기에 대해 연구하다가 성별을 불문

자기화해

하고 충동적으로 소비하는 사람이 많다는 사실을 알아냈다. 마크에 의하면 "가끔 무엇인가를 보면 이걸 꼭 사야 한다는 억제할 수 없는 충동을 느낄 때가 있습니다" "구매한 뒤에는 이게 정말 꼭 사야 할 만큼 나에게 그렇게 중요했던가를 묻곤 해요" "사 놓고 사용하지 않는 물건도 많아요"와 같은 말은 소비행위가 불쾌한 일상으로부터 도망치고, 휴식을 취하기 위한 것이라는 사실을 입증한다. 선진국에 사는 성인의 5~8퍼센트가 이에 해당하는 것으로 추정된다. 하지만 소비를 통해 불만족스러운 일상으로부터 도망치는 것은 잠깐만 효력이 있을 뿐이다. 매디슨에 소재한 워싱턴대학교의 교수 토머스 드레어Thomas DeLeire가 이를 증명했다. 드레어는 2만 명을 대상으로 50년 동안 대규모 연구를 진행했다. 그는 사람들이 무슨 목적으로 돈을 쓰는지와 이를 통해 얼마나 행복해졌는지를 알아보았다. 그 결과 구매 활동은 대개 사람들의 만족도를 높이지 못하는 것으로 밝혀졌다.

지난 몇 년간 발표된 행복에 관한 연구와 설문조사를 보면 지난 30~40년 동안 복지 수준이 높아졌음에도 서유럽인들이 더 행복해졌다고 말하기는 힘들다. 우리가 더 많은 복지 속에서 산다고 해도(모든 사람이 같은 수준의 복지를 누리는 것은 아니다) 이를 통해 더 행복해진란 법은 없다. 돈이 많은 사람이 돈이 적은 사람보다 여유로운 것은 사실이지만, 행복과 돈 사이의 연관성은 우리가 믿는 것보다 약하다. 월급이 두 배 늘어난다면 얼마 동안은 분명 더 행복하다고 느낄 것이다. 하지만 이런 순간은 빨리 지나간다. 행복 연구가들은 특히 습관의 힘을 원인으로 꼽는다. 습관은 우리가 장기간 물질에서 기쁨을 느끼는 것을 방해한다. 일례로 한 연구에서 사회학자들은 비싼 자동차를 보유한 사람과 평범한 자동차를 타는 사람에게 지난번 운전할 때 얼마나 즐거웠는지를 물었다. 자동차가 호사품의 수준이든 '달리는 받침대' 수준이든 만족도에 어떤 영향도 끼치지 못했다. 차에 익숙해지면 호화로운 자동차에 대한 선호도도 사라졌다.

이런 현상이 일어나는 이유는 일반적으로 모든 것이 '쾌락주의의 쳇바퀴'라는 규칙 아래 놓이기 때문이다. 물질적인 것은 획득하는 순간 매력을 잃는다는 원리다. 원래는 장기간 행복을 주어야 하는 것에 사람들은 굉장히 빨리 익숙해진다. 그래서 계속 용량을 올려야 한다. 세련된 스웨터나 멋진 에스프레소 머신에서 느끼는 기쁨이 줄어드는 순간, 사람들은 다시 쇼핑에 나선다. 장기간 행복을 줄 무엇인가를 위해 자기 형편에 맞게 돈을 썼을 경우에만 예외적으로 소비에서 이익을 찾을 수 있다. 개인적 경험이나 다른 사람을 위해 투자하는 경우가 이에 속한다.

토머스 드레어는 앞에서 언급했던 연구에서 소비가 자신의 경험과 사회적 관계에 도움이 됐을 경우에만 만족도를 높인다는 사실을 밝혔다. 연극표를 사거나 어학 코스에 등록하거나 레스토랑에 가는 일은 유익하며, 일상적 요구에 대해 건전한 균형을 이루도록 실질적 도움을 준다. 게다가 실제 경험에 대한 기억은 구입한 물건에 대한 기억보다 훨씬 많은 행복을 준다. 하루를 보내면서 거실에 세워둔 디자이너 램프나 어마어마하게 비싼 캐시미어 스웨터(필요는 없지만 색깔이 너무 맘에 들어서 샀다)를 떠올리며 흐뭇해하는 사람이 과연 있을까? 이와는 달리 주말에 시골에서 친구들과 보낸 시간은 계속해서 기억에 남는다. 함께 식사를 하며 이야기를 나눈 것, 해변을 따라 산책한 일, 중요한 사실을 깨우쳐준 친구와의 심도 깊은 대화는 우리를 행복하게 한다. 힘들게 번 돈을 개념 있게 경험에 투자하는 일은 자기만의 의미를 찾을 기회다. 더 많은 물건을 사는 대신 본인의 욕구와 목표를 바탕으로 좀더 단순하게 살아갈 것을 결정하는 일은 삶에 고유의 의미를 부여하여 우리를 만족스럽고 행복하게 한다.

항상 무엇인가 결여됐다는 느낌이 들고, '무엇을 위해 이 모든 것을 해야 할까?' 혹은 '계속 이렇게 살아야 하나?'와 같은 질문이 떠오를 때 그 부족한 의미를 밖에서 찾으려는 것은 위험한 일이다. 사람들은 소비와 유흥 혹은 사이비 종교와 같이 의미를 찾아준다는 것에 현혹될 수 있다. 하지만 이런 모든 방법은 짧은 기간 동안만 의미를 깨닫게 해줄 뿐이다. 우리가 듣고 싶어 하는, 의미에 대한 본질적인 질문에 대해 자기만의 대답을 주지 못하기 때문이다. 자기만의 의미를 찾고자 하는 사람은 다음과 같은 질문을 던져야 한다.

'내가 가려고 결정한 방향은 올바른가?' '이런 방향을 정한 사람은 나인가, 아니면 다른 누군가인가?' '내가 여태 살리지 못한 나의 여러 모습 중에 내 삶에 나만의 의미를 부여하기 위해 반드시 고려해야 할 것이 있나?' '내가 하는 일에 정당성을 부여할 수 있으려면 무엇을 해야 할까?'

3장

이제 '있는 그대로의 나'로
살아갈 시간

Eigensinn

일단
그냥 해볼 것

우리는 자신의 성격을 안다고 믿는다. 왜 이렇게 행동하는지,
자신이 누구인지, 다른 사람에게 어떤 영향을 주는지, 그리고
그들에게 어떤 평가를 받는지를 모두 안다고 믿는다. 그런데 우
리가 아는 것이 진실일까? 우리가 생각하는 자신의 모습이 혹
시 다른 사람에게서 나온 의견과 평가에 근거한 것은 아닐까?
우리는 지금까지 한 번도 직접 점검한 적이 없는, 다른 사람이
들려주는 이야기 속에서 사는 것은 아닐까? 요컨대, "너는 할
수 없어"라는 말 때문에 어떤 것을 해낼 용기를 내지 못하고, 좀
더 용감해 보이는 다른 사람 뒤에 숨어서 그가 지휘하는 이야기

속에서 사는 것이 아닐까? "너는 다른 사람 마음에 들어야 해"라는 말에 넘어가서 다른 사람의 마음을 불편하지 않게 하려고 무슨 일이든 하는 그런 이야기 속에서? 아니면 "우리가 기대하는 것을 들어줘야 우리도 너를 좋아해줄 수 있어"라는 메시지 때문에 간절히 필요한 애정을 얻기 위해 친절, 도움, 양보를 쏟아내며 끝없이 애쓰는 이야기 속에서?

자신에 대한 이야기 중에 전혀 사실이 아닌 것이 있거나 자신이 털어놓는 개인적 특성 중에 극히 일부만 옳은 것은 매우 위험하다. 이것은 자신의 능력을 마음껏 발휘하지 못하고, 핸드브레이크를 건 채 앞으로 힘겹게 전진하는 것을 뜻한다. 과거 자신에 대한 확신을 거리를 두고 바라보면 과연 무엇을 보게 될까? 전혀 뜻밖의 면을 발견하게 될 것이다. 즉 용기 있고, 불편하고, 자기중심적이며, 고집스러운 면을.

'나에게 이런 면은 없어. 지금의 내 모습이 진짜 나야. 다른 사람에게 대들지 못하고, 갈등을 원하지 않고, 그냥 순응하지. 내가 원하는 것을 밀고 나가지도 못하고'라고 생각하는 사람은 포기하지 않아도 된다. 자신의 성격에서 없어진 고집스러운 부분을 찾아, 이를 점점 삶에 집어넣을 수 있는 방법이 있다. 이런 길은 누구에게나 개방돼 있다. 사람들이 갑자기 모든 상황에서 곧바로 자기중심적이고 고집스러워지는 것을 요구하지는 않기 때문이다. 우선은 자기중심적인 사람처럼 행동하는 것만으로도 충분하다. 즉 언젠가는 되고 싶은 사람의 역할을 한번 해보는 일이 중요하다.

최근에 나온 사회심리학적 이론은 이런 방법이 쓸데없는 싸구려 속임수가 아니라는 것을 입증했다. 이 새로운 이론은 사람들이 일반적으로 바꿀 수 없다고 생각하는 일부 성향을, '마치 그런 체하는 방법'을 통해 바꿀 수 있다는 사실을 보여준다. 이런 방식은 우리가 자신이 생각하는 것 이상으로 훨씬 더 많은 능력을 지녔다는 것을 전제로 한다. 우리는 부모에게서 물려받은 능력과 교육에 의해서만이 아니라, 자신의 행동으로 완성할 수 있는 활동 영역 또한 갖추고 있기 때문이다. 우리는 자신을 다르고 새롭게 경험할 수 있는 실험장으로 이 활동 영역을 활용할 수 있다.

우리는 '마치 그런 체하는 방법'을 통해 새로운 모습으로 빨리 발전할 수 있다. 미국의 심리학자 닐 피오레는 자신이 어떻게 '마치 그런 체하는 방법'의 팬이 됐는지를 인상적인 경험을 통해 설명한다. 그는 40대에 다시 스키를 타기 시작했다. 그는 웬들이라는 매우 훌륭한 강사가 이끄는 스키 강좌에 등록했다. 웬들은 첫 번째 시간에 새로운 수강생을 보고 이렇게 말했다.

"여러분의 장비는 모두 최신 제품이네요. 하지만 여러분은 여전히 20년, 30년 전에 처음 스키를 접했을 때의 무거운 스키복과 스키화를 착용하고 있는 것처럼 보이는군요. 나는 예전의 모습을 하고 있는 여러분에게 스키를 가르쳐줄 시간이 없습니다. 그래서 지금부터 여러분에게 새로운 이름을 주려고 합니다. 훌륭한 스키 선수들의 이름이죠."

수강생들은 더 이상 닐, 메리 혹은 존과 같은 진짜 이름이 아니라 장클로드 킬리, 토니 자일러 혹은 로지 미터마이어 같은 프로 스키 선수의 이름으로 불렸다. 닐 피오레는 장클로드 킬리라는 이름을 달고는 3일 만에 가장 어려운 코스에서 스키를 탈수 있을 정도로 실력이 향상됐다. 심리학자는 스키 강습을 받으면서 어떤 것을 바꿀 만큼 자신감이 생길 때까지 기다려서는 안 된다는 사실을 깨달았다. 상황에 따라서는 예전의 자아가 변하기까지 한참 걸릴 수 있기 때문이다. 의구심과 불안감이 생기고, '맞아, 그런데'라는 생각이 들어도 우선은 자신이 마치 원하던 그 사람으로 이미 변한 것처럼 행동하고, 그냥 시작해야만한다. '마치 그런 체하는 방법'으로 자기중심적인 사람이 되기로결심한다면 다음과 같은 조건이 충족되어야 한다.

첫째, 자신이 못 할 거라거나 실패할 거라고, 해서는 안 된다고 자신을 설득하지 않는다. 자신에 대한 새로운 이야기를 시작한다. 둘째, 새로운 학습 경험을 하고 이를 통해 다른 습관이 형

자기화해

성되도록 새로운 기회를 마련할 자세를 갖춘다. 셋째, 자신이 원하는 것에 좀더 주의를 기울이고, 자신의 말에 귀 기울이는 태도를 갖춘다.

심리학자들은 지금껏 한 사람의 성향이 단지 결혼이나 아이의 탄생, 심각한 질병 혹은 은퇴와 같은 굵직한 삶의 사건에 의해서만 변할 수 있다고 가정했다. 뮌스터와 마인츠, 라이프치히 대학교의 학자들이 공동으로 진행한 종단면적 연구를 보면, 삶에 변화가 오는 경우 다섯 가지 중요한 성향도 변한다는 것을 알 수 있다. 이 다섯 가지 성향은 감정적 안정감, 외향성, 경험, 조화, 성실함에 대한 개방성을 의미한다. 예를 들어, 막 성인이 되어 첫 직장에 들어간 사람은 좀더 성실하지만, 은퇴할 무렵의 직원은 성실함이 조금 느슨해진다. 대부분의 사람은 결혼 후에 새로운 경험에 대한 개방성이 줄어든다.

하지만 우리의 성향은 인생의 큰 사건뿐 아니라 자신에게서 나오는 자극과 같이 좀더 작은 크기의 자극에도 쉽게 변한다. 그래서 체계적으로 교육을 받은 심리치료사도 고객에게 "다르게 하세요"라고 충고하고는 '마치 그런 체하라'는 과제를 준다. 곧바로 변화에 대한 불안감에 엄습당하지 않도록 우선은 삶에서 무엇인가를 시험 삼아 바꿔보게 하는 것이다. 출발점은 대부분 전신요법에서 상당히 인기가 있는 '기적의 질문'이다. 이를 창안한 사람은 문제해결을 집중 공략하는 단기 치료의 창시자 스티브 드세이저다. 예를 들어 심리치료사는 고객에게 이렇게 주문하며, 방향을 제시하는 자극을 준다.

"당신 문제가 마치 기적이 일어난 것처럼 밤사이에 해결됐다고 가정합시다. 다음날 아침에 일어나보니 문제가 사라졌습니다. 정확히 무슨 기적이 일어난 것이고, 당신은 무엇을 통해 이 기적을 깨달을 수 있을까요?"

그러면 고객은 근본적으로 어떤 문제가 있는지에 따라 "그러면 저는 기쁜 마음으로 일을 하러 갈 거예요" "그러면 저는 제 배우자에게 성적 매력을 느낄 거예요" "그러면 사람들이 드디어 제 이야기를 들을 거예요" "그러면 저는 저 자신을 방어할 수 있을 만큼 용감해질 거예요" 등 대부분 흔쾌히 상상의 나래를 펼치며 대답을 한다. 치료사는 고객의 말에 귀를 기울이며 날을 잡아 마치 기적이 일어난 것처럼 이를 해보라고 권한다. 즉 실제 기분과는 상관없이 마치 기분이 좋은 것처럼 직장에 가거나 감히 용기를 내어 반박을 하거나 애인에게 성적으로 끌리는 것처럼 그냥 행동해보는 것이다.

유명한 수면치료사 밀턴 에릭슨은 학생 한 명에게 이런 방법을 실험해보았다. 에릭슨의 강의를 몇 번이나 들은 그 학생은 자신의 능력을 여전히 믿지 못했다. 어느 날 학생이 에릭슨에게 자신이 좋은 치료사라고 믿는지를 물었다. 에릭슨은 "자네가 좋은 치료사인 것마냥 그냥 한번 행동해보게"라고 답했다. 여러분이 에릭슨에게 "어떻게 해야 제가 자기중심적인 사람이 될 수 있을까요?"라고 물어본다면 에릭슨은 학생에게 했던 답과 비슷하게 충고할 것이다.

"당신이 자기중심적인 사람인 것처럼 그냥 그렇게 행동하세요."

시작 단계에는 작은 보폭으로 걸어도 충분하다. 지금과는 다르게 행동할 용기를 낼 수 있는 상황을 찾는다. 이렇게 함으로써 여태 살리지 못하고, 발견하지 못한 면을 찾을 수 있다. 늘 하는 것과는 다르게 무엇인가를 하면 가끔씩은 매우 놀라운 경험을 할 수 있다. 이에 대한 몇 가지 예를 소개한다.

첫째, 남에게 양보를 잘하고, 친절하게 구는 사람이라면 본인의 관심사에 더 신경을 쓰는 사람인 것처럼 행동함으로써 자신을 바꿀 수 있다. 하나, 부탁하거나 요구할 사항을 직접적으로 표현하는 법을 연습한다. '저는 ~를 하고 싶습니다.' '저는 ~를 기대합니다.' 이런 식으로 돌려서 말하거나 장황한 어법을 피한다. 둘, 다른 사람의 부당한 요구를 들어주는 일이 문제가 되지 않는다 해도 우선은 거절하는 것을 연습한다. 예를 들어 용서를 구하거나 이유를 대지 않고, 초대나 요구를 거절하는 것이다. 셋, 물건이나 서비스가 충분히 좋지 않을 경우에는 항의하는 연습을 한다.

둘째, 다른 사람이 원하는 것은 항상 챙기면서 자신의 욕구는 귀담아듣지 않는 사람이라면 자신을 좀더 중요하게 대하는 법을 연습한다. 하나, 다른 사람의 제안을 모두 따르지는 않는다. 둘, 집단 내에서 한 번쯤은 다른 의견을 내고, 아무도 편들어주지 않더라도 자신의 생각을 숨기지 않는 연습을 한다. 셋, 원하는 것이 있으면 그때그때 바로 말하고, 다른 사람이 당신의 바람에 대해 대신 말할 때까지 기다리지 않는다. 넷, 다른 사람이 원하는 것에 얼마나 자주 자신을 맞추는지 관찰해본다. 그 다음에는 '왜 이렇게 하는 걸까?'라고 자신에게 묻는다. 또한 남이 원하는 것에 자기를 맞추지 않을 경우 무슨 일이 생기는지 시험해본다. 다섯, 좀더 고집스럽고 용감하게 행동하고 싶은 구체적인 상황을 상상한다. 예를 들어, 배우자에게 좀더 아이들에게 신경을 쓰라고 말한다. 매일 전화 통화를 하고 싶지는 않다고 시어머니에게 의사를 전달한다. 더 이상은 시끄러운 음악 소리를 참을 수 없다고 이웃에게 말한다. 더 이상은 인종차별적 발언을 듣고 싶지 않다고 동료에게 말한다.

셋째, 자신의 의견을 관철시키고 다른 사람이 당신의 이야기를 듣도록 하는 일이 어려울 경우 좀더 강한 방법을 시도한다. 하나, 다른 사람이 당신의 말에 귀를 기울이지 않으면 한 번쯤은 큰소리를 쳐도 괜찮다. 둘, 당신 말에서 자신을 상대화하고 약하게 만드는 문구가 있는지 살피고, 이를 피한다. 셋, 중대한 일이라면 항의 편지를 쓴다. 넷, 당신을 항상 이용만 하거나 멸시하는 사람과 더 이상 연락을 하지 않는다. 다섯, 처음 말했을 때 들어주지 않은 바람이나 요구 사항이 있으면 반복해서 언급한다.

자기중심을 추구할 때는 몸동작도 함께 사용함으로써 좀더 확실하게 표현해야 한다. 이때도 역시 '마치 그런 체하는 방법'을 이용한다. 몸의 자세를 변화시킴으로써 자신의 뜻을 더 강하고 분명하게 표현하는 방법을 연습할 수 있다. 하버드 비즈니스 스쿨의 심리학자 에이미 커디도 이를 입증했다. 커디는 특정한 몸동작으로 자신에게 힘이 있다는 것을 분명하게 보여줄 수 있을 뿐만 아니라 스스로도 더 힘이 세다고 느낀다는 사실을 증명했다. 자기가 마치 힘이 센 것처럼 행동하고 (마치 운동 경기에서 승자가 된 것처럼 고개를 똑바로 들고, 팔을 쭉 펴는) 파워 포즈Powerpose를 취하면 자신이 이전보다 더 많은 영향력을 행사한다고 느끼게 된다.

커디는 "몸동작은 우리의 사고와 의식에 영향을 끼친다"고 설명한다. 그녀는 여성과 남성에게 2분 동안 지배나 복종을 표현하는 한 가지 몸동작을 해보게 하는 실험을 했다. 그리고 실험 참가자의 호르몬 수치를 측정하고, 이들에게 내기 게임을 해보게 했다. 파워포즈를 취했던 사람의 혈액에서는 더 많은 양의 테스토스테론이 측정된 반면 스트레스 호르몬인 코르티솔의 양은 더 적었다. 이 실험군에 속한 사람은 내기 게임에서도 이전에 2분 동안 복종의 자세를 취했던 사람보다 훨씬 더 많은 위험을 감수했다. 커디는 두 번째 실험에서도 '내가 마치 힘이 센 사람인 것처럼 행동해보자'라는 자세가 효과가 있음을 확인했다. 두 번째 실험에 참가한 사람은 모두 가상의 면접을 봤다. 실험 참가자는 대부분의 시간 동안 아무 말도 하지 않고 아무 반응도 보이지 않는 면접관 앞에 앉아 있어야 했다. 면접이 시작되기 전에 2분 동안 파워포즈를 취했던 사람은 이런 힘겨운 상황을 좀 더 잘 벗어났다.

커디는 "무엇을 말하는지보다 어떻게 전달하는지가 더 중요했다"라고 결론지었다. '힘이 있는 사람'은 면접 전에 움츠러들어야만 했던 사람보다 동기유발이 더 높고, 면접관에게 더 많은 호감과 확신을 주었다. 반대로 다른 집단의 사람은 자신감이 적고, 불안감이 높고, 확신이 적다는 인상을 남겼다. 커디는 사람들에게 좋은 인상을 남기고 싶다면 실제보다 자신이 신체적으로 더 크고 더 강하다는 인상을 주는 방법을 시도해보라고 추천했다.

딱딱하게 굳은 뒷목과 움츠러든 어깨, 긴장된 엉덩이 근육과 구부정한 상체. 대부분의 사람은 자신감과 의지를 드러내는 자세와는 영 거리가 먼 자세를 취한다. 2015년에 세상을 떠난 심리학자 아르노 그륀에 따르면 이것은 항상 '잘못 배운 동작의 유형' 때문만은 아니다.

"해로운 문명의 영향하에서 배운, 걷고 서는 방법이 자신의 의지를 남의 의지로 대체하는 훨씬 광범위한 현상의 극히 일부에 지나지 않는다는 것이 더욱 큰 문제입니다."

그륀은 양보가 '자율적 기능의 상실'을 의미할 수도 있다고 말한다. 자신이 용감하고, 힘센 듯이 행동하다 보면 장기적으로 잃어버린 자율성을 되찾을 수 있다. 그런데 마치 그렇지 않은 것처럼 행동하는 것은 새로운 방법이 아니다. 이미 1959년에 사회학자 어빙 고프먼은 『자아연출의 사회학』이라는 책에서 모든 사람이 일상에서 얼마나 분명하게 역할 놀이를 하고 있는지를 보여주었다. 그는 책에서 미국의 사회학자 로버트 에즈라 파크의 말을 인용했다.

"'퍼슨Person'이라는 단어가 원래 가면을 뜻했다는 사실은 역사적 우연이 아닙니다. 모든 사람이 언제 어디서나 자신이 맡은 역할을 한다는 사실을 어느 정도 인정하는 셈이죠. 우리는 이런 역할을 하는 서로를 인정하고, 이런 역할을 하는 자신을 인식합니다. 이런 가면이 우리가 자신에 대해 만들어낸 형상을 묘사한다면 우리의 진정한 자아가 됩니다. 바로 우리가 되고 싶어 하는 그런 자아의 모습이죠. 결과적으로 우리 역할에 대한 상상이 우리의 두 번째 본질이 되고, 우리 인격의 본질적인 부분이 됩니다. 우리는 개인으로 세상에 와서 성격을 완성하고, 인간이 됩니다."

최근에 발표된 한 실증적 연구는 에즈라 파크가 이미 수십 년 전에 주장했던 것을 입증했다. 우리가 마치 자기중심적인 사람인 것처럼 자신의 의지를 갖고, 이를 실행하고, 부당한 요구에 용감하게 맞서고, 나의 관심사가 다른 사람의 관심사보다 중요한 듯이 행동하다 보면, 이 역할 놀이에서 맡았던 역할이 언젠가는 실제 성향이 된다는 것이다. 이런 방법은 우리가 되고 싶어 하는 사람의 모습을 향해 한 걸음 한 걸음 내딛는 과정을 돕는다. 그러다 보면 우리는 자기중심적인 사람처럼 행동하는 것만이 아니라 이미 실제로 자기중심적인 사람이 된 자신을 보게 된다!

'나는 내 편이 될 권리가 있다',
열세 가지 기본원칙

거울 속에서 당신을 바라보고 있는 사람은 굉장히 눈에 익다. 이 사람은 당신과 똑같은 옷을 입고 있고, 똑같은 미소를 띠고 있다. 하지만 무엇인가 다른 구석이 있다. 그냥 느낌인 걸까, 아니면 진짜로 거울 속의 사람이 좀더 자신감이 있는 걸까? 솔직히 이 사람은 자기가 원하는 것이 무엇인지 매우 정확하게 파악하고 있다는 생각이 들지 않나? 그리고 그를 마치 체스 말처럼 이리저리 조종하는 것은 절대 불가능하다는 느낌이 들지 않나?

당신이 거울에서 본 것은 하나의 성격이다. 당신은 뚜렷이 구분할 수 있고, 혼동할 수 없고, 현혹되지 않는 '모서리와 각이 있는 사람'을 본다. 이런 사람은 행동하고, 생각하고, 사물과 사람을 평가하는 데서 고집스럽다. 다른 사람은 그를 존중하고, 가치를 인정한다.

당신이 거울에서 본 사람은 바로 당신이다. 인생에서 자기를 최우선으로 놓고, 자기중심을 지키고, 마주하는 일과 사람에 대해 본인의 견해를 제대로 전달하는 순간 당신도 이렇게 보인다. 거울 속의 당신과 이전의 당신은 어떤 점이 다를까? 매우 간단하다. 거울 속의 사람은 자기중심과 자기화해의 기본원칙 열세 가지를 알고, 이에 따라 살아간다.

1. 누군가 나에게 부적절하게 행동할 때 나는 내 편이 될 권리가 있다.
2. 나는 나의 목소리를 높일 권리가 있다. 다른 사람을 혼란스럽게 하거나 화를 부르지 않으려고 혹은 다른 사람의 감정에 상처를 입히지 않으려고, 배려하거나 침묵하지 않는다. 나의 입장을 늘 솔직하게 알린다.
3. 나는 친절하지 않을 권리가 있다. 내가 친절하게 대한다고 다른 사람 역시 나를 친절하고, 공평하고, 존중하는 마음으로 대한다는 보장이 없다는 것을 알기 때문이다. 내가 너무 양보하고 친절하게만 굴면 다른 사람이 선을 넘을

수 있다는 것을 안다.

4. 나는 나 자신을 자랑스러워할 권리가 있으며, 이것을 보여도 된다고 생각한다. 다른 사람과 같이 있는 자리에서 상대가 나보다 더 크고 훌륭하다고 느낄 수 있도록 일부러 나를 낮추지 않는다.

5. 나는 수많은 사회의 계명에 저항할 권리가 있다. 나는 동시대의 유행과 규정에서 벗어날 권리가 있다.

6. 나는 다른 사람과 다를 권리가 있다. 나의 진실에 맞추어 산다는 것은 상황에 따라서는 대세에 순응하지 않는 것을 의미한다. 자기중심적인 사람으로서 나는 의사이자 작가 틸 바스티안의 말처럼 '다름의 즐거움'을 누릴 수 있다. "이런 다름은 다른 사람에 의해 정해진, 자신이 원하지 않는 것이 아니라, 스스로 원해서 만들고 경험하는 것과 연관된 즐거움이다."

7. 나는 남들이 나에게 하는 기대를 검토할 권리가 있다. 다른 사람이 원하는 것을 나는 정말 하고 싶은가? 그러려면 어떤 대가를 치러야 할까? 그 대가는 감당하기에 너무 클까? 요구나 제안이 아무 의미도 주지 못할 때 자기중심은 나의 고결함을 지키고, 다른 사람의 결정에서 나를 보호해준다.

8. 나는 죄책감을 느끼지 않고 "아니요"라고 거절할 권리가 있다. 거절의 이유를 댈 필요도 없다. 거절할 때 나를 정당화하거나 용서를 구하지 않아도 된다. 내 거절로 다른 사람이 불편해해도 나와는 상관없다고 느낀다.

9. 나는 나의 시간을 아낄 권리가 있으며 역사학자 칼 샌드버그와 같은 입장을 취한다. "시간은 네 삶의 재산이다. 네가 시간을 쓰는 것이다. 다른 사람이 네 돈을 쓰게 하지 마라."

10. 나는 나에게 만족하며, 자기개선의 제안을 벗어던질 권리가 있다. 나는 완벽하지 않을 권리가 있다. '좋아'는 나에게 '충분히 좋은' 것을 의미한다. 나는 다른 사람의 기준에 희생되지 않도록 신경을 쓴다.

11. 나는 언어치료의 창시자 빅토르 프랑클의 말처럼 "나는 모든 것과 나 자신을 반드시 만족시키지 않아도 된다"는 좌우명에 따라 살 권리가 있다.

12. 나는 다른 사람에게 정중하고, 존중하는 마음으로 대접받을 권리가 있다.

13. 내게 무엇이 좋고, 의미 있는 삶인지 스스로 결정할 권리가 있다.

- Robert Alberti, Michael Emmons: *Your Perfect Right. Assertiveness and Equality in Your Life and Relationships.* Atascadero 2009

- Melanie Amann, Alexander Neubacher: »Wir sind keine Labormäuse«. Interview mit Udo Di Fabio. In: Spiegel 15/2015

- Aaron Antonovsky: Salutogenese. Tübingen 1997. (Originaltitel: *Unraveling the Mystery of Health – How People Manage Stress and Stay Well.* San Francisco 1987)

- Aaron Antonovsky: *Health, Stress and Coping.* San Francisco 1979

- Jörg Asmussen: »Geld allein macht nicht glücklich«. In: Stern, 2. 1. 2014

- Leo Babauta: *The Power of Less. The Fine Art of Limiting Yourself to the Essential in Business and in Life.* New York 2009

- Till Bastian: Lebenskünstler leben länger. Gesund durch Eigensinn. Leipzig 2004

- Joachim Bauer: Selbststeuerung. Die Wiederentdeckung des freien Willens. München 2015

- Barbara Beuys: Sophie Scholl. Berlin 2011

- Peter Bieri: Das Handwerk der Freiheit. Über die Entdeckung des freien Willens. Frankfurt 2007

- Mathias Binswanger: Die Tretmühlen des Glücks. Wir haben immer mehr und werden nicht glücklicher. Was können wir tun? Freiburg 2006

- Nataly Bleuel: »Schrecklich perfekt«. In: Süddeutsche Zeitung, 28./29. 3. 2015

- Raphael M. Bonelli: Perfektionismus. Wenn das Soll zum Muss wird. München 2014

- Jorge Bucay: Komm, ich erzähl dir eine Geschichte. Frankfurt 2014

- Bernhard Bueb: Lob der Disziplin. Eine Streitschrift. Berlin 2008

- Argir Chadzsichristev, zitiert nach Till Bastian: Lebenskünstler leben länger. Leipzig 2004

- Sigrid Chamberlain: Adolf Hitler, die deutsche Mutter und ihr erstes Kind. Über zwei NS-Erziehungsbücher. Gießen 2010

- Marie-Louise Conen: Ungehorsam – eine Überlebensstrategie. Heidelberg 2011

- Amy Cuddy zitiert nach Klaus Wilhelm: »Mächtiger wirken? Mächtiger werden!«. In: Psychologie Heute, 4/2014

- Thomas DeLeire, Ariel Kalil: »*Does Consumption Buy Happiness?*«. In: *International Review of Economics*, 57/2, 2010

- Christine Demmer: »Die Gipfelstürmerin. Von der MTVPressesprecherin

zur Jugendherbergsmutter in Oberbayern«. In: Süddeutsche.de, 17. 5.
2010

• Andreas Dick: Mut über sich selbst hinauszuwachsen. Bern 2010

• Paul Dolan: Absichtlich glücklich. München 2015

• Brigitte Dorst: Resilienz. Seelische Widerstandskräfte stärken. München
2015

• Roland Düringer. Leb wohl Schlaraffenland. Die Kunst des Weglassens.
Wien 2013

• David Eberhard: Kinder an der Macht. Die monströsen Auswüchse
liberaler Erziehung. München 2015

• Josef W. Egger: Selbstwirksamkeitserwartung – ein bedeutsames
kognitives Konstrukt für gesundheitliches Verhalten. In: Psychologische
Medizin, 22. Jg., 2/2011

• Neil Fiore: *Awaken Your Strongest Self.* New York 2007

• Ben Fletcher, Karen Pine: *Flex. Do Something Different.* Hatfield 2012

• Gordon L. Flett, Paul L. Hewitt: *Perfectionism.* AWashington 2002

• Georg Franck: Ökonomie der Aufmerksamkeit. München 1998

• Erich Fried: Gründe. Gedichte. Eine Auswahl aus seinem Gesamtwerk.
Berlin, 1989

• Erich Fromm: Authentisch leben. Freiburg 2006

• Erich Fromm: Über den Ungehorsam. Stuttgart 1982

• Howard E. Gardner, Mihaly Csikszentmihalyi, William Damon: *Good
Work: When Excellence and Ethics Meet.* New York 2008

- Erving Goffman: Wir alle spielen Theater. Die Selbstdarstellung im Alltag. München 2001

- Brian M. Goldman, Michael Kernis: »*The Role of Authenticity in Healthy Psychological Functioning and Subjective Well-Being*«. In: *Annals of the American Psychotherapy Association*, Bd. 5, 2002

- Maren Gottschalk: Schluss. Jetzt werde ich etwas tun. Die Lebensgeschichte der Sophie Scholl. Weinheim 2012

- Rainer Gross: Angst bei der Arbeit – Angst um die Arbeit. Bern 2015

- Arno Gruen: Der Verrat am Selbst. München 1986

- Axel Hacke: Apple is watching you. Das Beste aus aller Welt. In: Süddeutsche Magazin, 14/2015

- Michael Haneke: Das weiße Band. Eine deutsche Kindergeschichte. Das Drehbuch zum Film. Berlin 2009

- Thomas Hardy: Am grünen Rand der Welt. München 2015. (Originaltitel: *Far From the Madding Crowd*, London 1874)

- Hermann Hesse: Eigensinn macht Spaß. Berlin 2012

- Tom Hodgkinson: Die Kunst, frei zu sein. Handbuch für ein schöneres Leben. München 2009

- Karen Horney: Neurose und menschliches Wachstum. Das Ringen um Selbstverwirklichung. Eschborn, 2008

- Andreas Huber: »Beim Sinn geht es nicht um Glück, sondern um das Richtige und Wertvolle«. Ein Gespräch mit der Psychologin Tatjana Schnell. In: Psychologie Heute, 2/2014

- Margrit Irgang: Geh, wo kein Pfad ist, und hinterlasse eine Spur. Freiburg

2010

• William James: *The Will to Believe* (1896). Nachdruck: CreateSpace Independent Publishing Platform 2012

• Karl Jaspers: Was ist Philosophie? Ein Lesebuch. München 2013 (Hg. von Hans Saner)

• Mathias Jung: Mut zum Ich. Lahnstein 2001

• Jesper Juul: Nein aus Liebe. Klare Eltern – starke Kinder. München 2014

• Jesper Juul, Helle Jensen: Vom Gehorsam zur Verantwortung. Für eine neue Erziehungskultur. Weinheim 2009

• Gert Kaluza: Gelassen und sicher im Stress. Berlin/Heidelberg 2014

• Katty Kay, Claire Shipman: *The Confidence Code. The Science and Art of Self-Assurance. What Women Should Know*. New York 2014

• Heiner Kipphardt: Bruder Eichmann. Reinbek 2013

• Ekkehard Kloehn: Schwierige Kinder. Reinbek 1981

• Andreas Krause: »Freiwillige Selbstausbeutung«. In: Psychologie Heute, 10/2015

• Ethan Kross, Igor Grossmann: »*Boosting Wisdom: Distance From the Self Enhances Wise Reasoning, Attitudes, and Behavior*«. In: *Journal of Experimental Psychology: General*, 141 (1), February 2012, DOI: 10 . 1037/a0024158

• Kostadin Kushlev, Elizabeth W. Dunn: »*Stop Checking Email So Often*«. In: *International New York Times*, 21. 2. 2015

• Frank J. Lee, Niels A. Taatgen: »Multitasking as Skill Acquisition«. In: Proceedings of the Twenty-Fourth Annual Conference of the Cognitive

Science Society, Fairfax 2002 (http://act-r.psy.cmu.edu/wordpress/wp-content/uploads/2012/12/372fjl_nat_2002_a.pdf)

• Martin Liebmann, Interview in: Salzburger Nachrichten, 7. 1. 2015

• Brian Little u. a.: *Personal Project Pursuit. Goals, Action, and Human Flourishing.* London 2007

• Falko Löffler: Bin ich blöd und fahr in Urlaub? München 2014

• Verena Maag: Kaufsucht in der Schweiz. Zürich/Chur 2010

• Michael J. Mahoney: Kognitive Verhaltenstherapie. München 1998

• Hilary Mantel: Von Geist und Geistern. Köln 2015

• Gerd Meyer, Siegfried Frech (Hrsg.): Zivilcourage. Aufrechter Gang im Alltag. Schwalbach 2012

• Jörg Müller: Gehorsam um jeden Preis? Stuttgart 2001

• Ursula Nuber: Wer bin ich ohne dich? Warum Frauen depressiv werden – und wie sie zu sich selbst finden. Frankfurt 2014

• Michael Pauen, Harald Welzer: Autonomie. Eine Verteidigung. Frankfurt 2015

• Leonard Pearlin: *Some conceptual perspectives on the origins and prevention of social stress.* Zitiert nach Pauline Boss: Verlust, Trauma, Resilienz. Stuttgart 2008

• Laurie Penny: Unsagbare Dinge. Hamburg 2015

• Ernst Pöppel: Multitasking schadet unserer Intelligenz. In: Psychologie Heute, 6/2000

• Gerhard Polt in: Louis Lewitan: Die Kunst gelassen zu bleiben. München 2009

- Ilka Quindeau, Katrin Einert: »Die Jugend dient dem Führer. Trauma im Alter durch Krieg und NS-Erziehung«. In: Sozialmagazin 5-6, 2014

- Mike Robbins: *Be Yourself – Everyone Else is Already Taken.* San Francisco 2009

- John F. Robinson: *As We Like It (Today). American's Favorite Daily Activities – in Real Time. Working Paper. Maryland Population Research Center,* 1/2014

- Hartmut Rosa: Beschleunigung. Die Veränderung der Zeitstruktur in der Moderne. Frankfurt 2005

- Sidney Rosen: Die Lehrgeschichte von Milton H. Erickson. Salzhausen 2014

- Harriet Rubin: Machiavelli für Frauen. Strategie und Taktik im Kampf der Geschlechter. Frankfurt 1999

- Heinz Ryborz: Selbstbewusst! So setzen Sie sich durch und wehren Angriffe ab. Regensburg 2007

- Sheryl Sandberg: Lean in. Frauen und der Wille zum Erfolg. Berlin 2013

- Carl Sandburg zitiert nach Brigid Schulte, a. a. O.

- Mechthild von Scheurl-Defersdorf: »Ich habe früher ganz oft, ›ich muss‹ gesagt«. In: Psychologie Heute, 7/2015

- Magnus Schlette: Die Idee der Selbstverwirklichung. Frankfurt 2013

- Marco Schmidt: »Auch wilde Hunde trinken irgendwann Kamillentee. Ein Gespräch mit dem Kabarettisten und Musiker Georg Ringsgwandl«. In: Frankfurter Allgemeine Zeitung, 3. 8. 2014

- Tatjana Schnell zitiert nach Andreas Huber, a. a. O.

- Rita Schreiber: »(Re-)Defining My Self: Women's Process of Recovery From Depression«. In: Quality Health Research 6, 4/1996

- Astrid Schütz: Je selbstsicherer, desto besser? Licht und Schatten positiver Selbstbewertung. Weinheim 2005

- Brigid Schulte: Overwhelmed. Work, Love, and Play When No One Has the Time. New York 2014

- Benjamin Schulz: »Lobbyisten der Langsamkeit«. In: Spiegel online. (http://www.spiegel.de/panorama/gesellschaft/verein-zur-verzoegerung-der-zeit-martin-liebmann-ist-fuerlangsamkeit-a-854097.html)

- Ernst Friedrich Schumacher: Small is beautiful. Die Rückkehr zum menschlichen Maß. Reinbek 1993

- Barry Schwartz: Anleitung zur Unzufriedenheit. Warum weniger glücklicher macht. Berlin 2006

- Lothar Seiwert: Bloß nicht hetzen! Interview. In: Sonntag aktuell, 26. 10. 14

- Stefan Selke: Lifelogging: Wie die digitale Selbstvermessung unsere Gesellschaft verändert. Berlin 2014

- Steve de Shazer, Yvonne Dolan: Mehr als ein Wunder: Die Kunst der lösungsorientierten Kurzzeittherapie. Heidelberg 2015

- Kurt Singer: Zivilcourage wagen. Wie man lernt, sich einzumischen. München 2003

- Andrew Smart: Öfter mal auf Autopilot. Warum Nichtstun so wichtig ist. München 2014

- Kevin Spacey: »Anders leben«. In: Zeit, 20. 10. 2011

자기화해

- Reinhard K. Sprenger: Die Entscheidung liegt bei dir. Wege aus der alltäglichen Unzufriedenheit. Frankfurt 2015

- Stiftung für Zukunftsfragen: Freizeit-Monitor 2015. Im Internet: www. freizeitmonitor.de/de

- Techniker Krankenkasse: Bleib locker, Deutschland! TK-Studie zur Stresslage der Nation 2013

- Eva Tenzer: »Einfacher leben: Was brauchen wir wirklich?«. In: Psychologie Heute 12/2014

- Sarah Thoermer in: Marcia Nißen: Die Bedeutung der Quantified Self Bewegung im gesundheitsorientierten Kontext. Seminararbeit am Karlsruher Institut für Technologie, Fakultät für Wirtschaftswissenschaften, 23. 7. 2012

- William Ury: Nein sagen und trotzdem erfolgreich verhandeln. Frankfurt 2009

- Johannes Waechter: »Roberto Blanco«. In: Süddeutsche Zeitung Magazin, 11/2014

- David Weeks, Jamie James: Exzentriker. Über das Vergnügen, anders zu sein. Reinbek 1997

- Rosemarie Welter-Enderlin, Bruno Hildenbrand (Hrsg.): Resilienz – Gedeihen trotz widriger Umstände. Heidelberg 2012

- Fritzi Wiessmann: Das Märchen vom Multitasking.http://www.sichtech. uni-bonn.de/Wob/images/62465983.pdf

- Klaus Wilhelm: »Mächtiger wirken? Mächtiger werden!«. In: Psychologie Heute 4/2014

- Andre Wilkens: Analog ist das neue Bio. Berlin 2015

- Donald W. Winnicott: Reifungsprozesse und fördernde Umwelt. Gießen 2006

- Elmar Woelm: Es ist schwer, die Tür zu finden, wenn es keine Wände gibt: Die Metapher des inneren Richters in der Hypnotherapie. Münster 2013

- Carolyn Zahn-Waxler, Carol Van Hulle: »*Empathy, Guilt, and Depression: When Caring for Others Becomes Costly to Children*«. In: Barbara Oakley u. a. (Hg): *Pathological altruism*. New York 2012

　　　　　　　　　　　자기화해

자기화해

초판 1쇄 인쇄 2020년 2월 3일
초판 1쇄 발행 2020년 2월 10일

지은이 | 우르술라 누버
옮긴이 | 손희주

발행인 | 박재호
편집팀 | 고아라, 홍다휘, 강혜진
마케팅팀 | 김용범
총무팀 | 김명숙

디자인 | 이경란
교정교열 | 윤정숙
종이 | 세종페이퍼
인쇄 · 제본 | 한영문화사

발행처 | 생각정원
출판신고 | 제25100-2011-000320호
주소 | 서울시 마포구 양화로 156(동교동) LG팰리스 814호
전화 | 02-334-7932 **팩스** | 02-334-7933
전자우편 | 3347932@gmail.com

ISBN 979-11-88388-07-3 (03180)

이 도서의 국립중앙도서관 출판예정도서목록(CIP)은 서지정보유통지원시스템 홈페이지(http://
seoji.nl.go.kr)와 국가자료종합목록 구축시스템(http://kolis-net.nl.go.kr)에서 이용하실 수 있습
니다.(CIP제어번호: CIP2020003702)